모

모던
체스
아이디어

Modern Ideas In Chess

리하르트 레티 지음
유정훈 옮김

필요
한책

■ 본서의 번역 저본은 Richard Réti의 『Modern Ideas in Chess』(1960, Dover)이며 『Modern Ideas in Chess』(2009, Russell Enterprises Inc.)를 참조하였습니다.

■ 원서 본문에서 이탤릭체 및 따옴표로 강조된 텍스트와 모든 체스 기보는 본문에서 굵은 바탕체로 표기하였습니다.

■ 본문의 괄호 안 텍스트는 모두 저자가 쓴 주석이며 각주는 모두 옮긴이가 쓴 주석입니다.

■ 인명 표기는 각 인물이 속한 나라의 언어 발음에 충실하게 표기하는 것으로 하되, 호세 라울 카파블 랑카의 경우 그 원 발음은 '까빠블랑까'에 가깝지만 필요한책에서 기존에 출간한 카파블랑카 저서들과 의 연동성을 고려하여 영어식 발음인 '카파블랑카'로 표기하였습니다.

■ 오프닝 표기는 영어식 발음을 따랐습니다. 예를 들어 Vienna Game은 오스트리아 수도 빈의 이름 을 딴 오프닝으로 우리나라에서의 수도 표기를 따른다면 '빈 게임'이 되어야 하나 단어의 통일성과 함 께 단어가 쓰이는 보편성을 고려하여 '비엔나 게임'으로 표기하였습니다.

■ 이 책에서 사용된 글꼴은 더잠실, 문화재돌봄체, 제주명조, 코트라 볼드체, 한국기계연구원, G마켓 산스, KoPubWorld바탕체, KoPubWorld돋움체, KBIZ한마음명조, Quentin입니다.

목차

04 체스 기술의 완성

05 새로운 아이디어들

06 맺음말

해제

*체스 기보 읽는 법

킹King=K   퀸Queen=Q   룩Rook=R

비숍Bishop=B   나이트Knight=N

폰Pawn은 약어로 따로 표기하지 않고 칸의 기호로만 나타냄

파일File   체스보드 세로줄을 뜻하며 체스보드에는 알파벳
             (a~h)으로 표기

랭크Rank   체스보드 가로줄을 뜻하며 체스보드에는 숫자
             (1~8)로 표기

x	x 앞의 말이 x 뒤의 말을 잡는 것		
+	체크	#	체크메이트
0-0	킹사이드(e, f, g, h파일) 캐슬링		
0-0-0	퀸사이드(a, b, c, d파일) 캐슬링		
!	좋은 수	!!	아주 좋은 수
?	실수	??	심각한 실수
!?	흥미로운 수	?!	의심되는 수
1-0	백 승	0-1	흑 승
1/2-1/2	비김		
...	흑 차례의 수		
e.p.	앙파상		
폰 승진	폰의 기보 끝에 승진된 기물의 약어를 표기		
	(예: 폰이 h8에 와서 퀸으로 승진한 경우 h8Q)		

서문

　최근의 체스 게임을 과거의 체스 게임과 비교하면, 피상적으로만 봐도 과거로부터 우리에게 전해진 이 게임에서 기존과는 매우 다른 오프닝과 특이한 포지션의 라인들을 발견할 수 있다. 새로운 아이디어가 게임을 지배하게 되자 현대 미술의 아이디어와 상당한 유사성을 갖게 된 것이다. 미술이 자연주의에서 멀어진 것처럼, 모던 체스 마스터의 이상은 더 이상 **건전한 플레이** 또는 자연스러운 전개라고 불리는 것이 아니다. 그것들은 문자 그대로의 의미에서 자연스러움이라 불리는 것이다. 그 오래된 류의 전개법은 자연으로부터 바로 모방되었기 때문이다.

　오늘날 우리는 인간이 가진 개념의 실행에는 자연이 만든 작품보다 더 깊은 가능성이 숨겨져 있다고 믿는다. 또는 더 정확하게 말하자면, 적어도 인류로서의 인간의 사고는 자연이 제공할 수 있는 모든 것 중에서 가장 위대하다고 믿는다. 그래서 우리는 자연을 모방하지 않으면서 자신의 아이디어에 현실성을 불어넣고 싶어 한다.

　이해하기 어려운 예술의 선구자들은 소수에게 인정받고 다수에게는 조롱을 받는다. 그런데 체스는 비평이 미술만큼 큰 영향을 미치지 않는 분야다. 체스의 영역에서는 게임의 결과가 궁극적으로, 그리고 최종적으로 결론을 내리기 때문이다. 그런 점에서 **체스에서의 모더니즘적 개념**Modern Ideas in Chess에는 아마도 더 많은 사람들이 관심을 가질 것이다. 조롱과 적대감에도 불구하고 자연을 모방하는 대신 자신의 아이디어를 따르는 예술가들이라면 창의적이지 않은 사람이 자유롭게 활동하는 이 의심스러운 시대에 체스라는 엄밀한 영역에서 새로운 개념이 오래된 개념과의 투쟁에서 승리하고 있음을 알고, 그 희망을 소중히 여기게 되기 마련이다.

나는 이 책에서 안데르센Karl Ernst Adolf Anderssen의 고전주의부터 슈타이니츠Wilhelm Steinitz 학파의 자연주의, 그리고 모던 마스터들의 개인주의적 개념에 이르기까지 체스가 걸어온 길을 보여주고자 한다.

01 포지션 플레이의 발전

스탠튼 디자인의 백 폰 ©MichaelMaggs

1. 콤비네이션

체스의 개념적 진화에 대해 면밀히 검토한 결과, 일반적으로 그 진화는 개별 체스 플레이어의 진화와 매우 유사한 방식으로 진행됐는데 특히 후자가 더 빠르게 진행되었음을 알 수 있었다.

오늘날 행해지는 방식으로서의 체스에 관한 가장 초기의 책들은 근대가 시작된 이전으로 거슬러 올라가지 않는다. 그 책들은 그 시대의 마스터들이 썼으며, 그 안에 담긴 아름다운 콤비네이션을 통해 우리는 저자의 체스 재능을 아주 분명하게 알아볼 수 있다. 그러나 전반적으로 그들은 어둠 속에서 더듬고 있었는데, 왜냐하면 그 작업들에서 발생하는 총체적이고 눈에 띄는 오류로 인해 당시의 숙련된 플레이어에게 포지션의 정확한 이해, 또는 보드에 대한 **통찰력**을 얻기란 오늘날의 초보자만큼이나 많은 어려움을 의미한다는 결론에 도달할 수 있기 때문이다.

처음으로 그런 마스터들과 같은 게임을 플레이 하는 초기 단계의 체스 플레이어는 게임에서 찾을 수 있는 콤비네이션, 특히 희생과 연계된 콤비네이션에서 무한한 즐거움을 경험한다. 그에게 있어 게임의 다른 부분은 거의 관심이 없는 듯 보이게 될 정도다. 그 정도 수준에서 체스는 19세기 중반까지, 사실상 폴 모피Paul Morphy(1837~1884)가 등장하기 전까지 계속되었다(예외적으로 위대한 체스 철학자 필리도르François-André Danican Philidor(1726~1795)는 시대를 너무 앞서갔기 때문에 제대로 이해받지 못했다). 그 시기 플레이어는 콤비네이션이

야말로 게임에서 가장 중요한 요소라는 신념을 가지고 게임 초반부터 콤비네이션을 빠르게 실행하려고 노력했다.

대부분의 플레이어에게 체스의 무한한 아름다움을 처음으로 파악해 보였다고 알려진 그 시대의 체스 영웅은 아돌프 안데르센(1818~1878)이었다. 다음은 그의 매우 아름답고 아주 잘 알려진 콤비네이션 중 하나다.

백: 안데르센　　　　**흑: J. 두프레스네Dufresne**

1852년 베를린

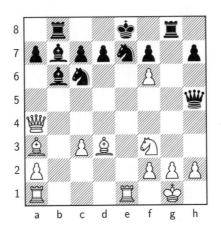

안데르센은 자신의 킹 포지션에 대한 상대의 위협에 전혀 동요하지 않고 깊이 고려한 준비된 수를 둔다.

19　　　　**Rad1**

두프레스네는 아무런 걱정 없이 이 **트로이의 목마**gift from

the Greeks를 받아들였다.

19	...	Qxf3
20	Rxe7+	Nxe7
21	Qxd7+	Kxd7
22	Bf5+	

만약 **22...Kc6**면 **23 Bd7**에 의해 흑이 메이트된다.

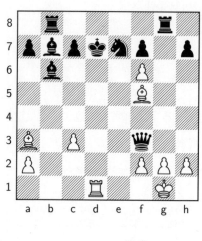

| 22 | ... | Ke8 |

23 Bd7+, 그리고 이어지는 **Bxe7**으로 흑이 메이트된다.

흑이 **20...Nxe7** 대신 **20...Kd8**을 두었더라면 결말이 더 매력적이었을 것이다. 그러면 **21 Rxd7+ Kc8 22 Rd8+!**로 놀라운 반전이 된다. 이때 흑은 백 룩을 세 가지 방법으로 취할 수 있다.

만약 **22...Rxd8**면 **23 gxf3**. 만약 **22...Kxd8**면 **23 Be2+**로 흑

퀸을 잡는다. **22...Nxd8**면 **23 Qd7+ Kxd7 24 Bf5+**, 그리고 다음 수에 메이트.

이 특별한 콤비네이션에서, 또는 어떤 콤비네이션에서든 같은 사안으로 감탄을 자아내는 이유가 무엇인지 자문해 본다면, 방금 인용한 게임에서의 첫 수(**19 Rad1**)가 조용하고 눈에 띄지 않기에 큰 매력을 발휘한다는 대답이 바로 돌아올 것이다. 다음 수를 전혀 고려하지 않고 더 강하고 눈에 띄는 공격적인 수를 둘 수도 있었다. 하지만 안데르센은 나중에야 그 의미가 명확해지는 덜 분명한 수를 선택하여 우리로 하여금 그의 두뇌가 치른 깊은 숙고가 가진 진가에 감탄하게 만든다.

희생도 마찬가지다. 희생으로 구성된 콤비네이션은 다른 콤비네이션보다 게임을 하는 사람에게 더 즉각적인 영향을 미친다. 그 이유는 명백하게 무의미해 보이는 희생이야말로 희생을 제안한 플레이어의 설계를 설득력 있게 증명하기 때문이다. 따라서 물질이 가진 위험성과, 우세한 물질에 대한 약세인 물질의 승리는 정신이 물질을 지배하고 있음을 상징하는 인상을 준다.

이제 우리는 체스 콤비네이션에서 얻을 수 있는 즐거움이 어디에 있는지 알 수 있다. 그것은 바로 사람의 마음이 게임을 진행하는 무생물인 기물들을 지휘하고 그들에게 생명의 숨결을 불어넣는 걸 느낀다는 데 있다. 우리는 이를 지적인 즐거움으로 간주할 수 있으며, 이는 물리적 세계에서 겉으로 보기에는 분명 단절되어 있고 우연적으로만 보이는 수많은 일들의 배후에 있는 하나의 위대한 지배 정신, 즉 자연 법칙의 존재를 인지하는 것과도 같다.

2. 포지션 플레이

아마추어는 체스 마스터의 우월성이 3, 4수, 심지어 10, 20수를 앞서 사고하는 능력에 있다고 생각한다. 나에게 콤비네이션을 만들 때 보통 몇 수를 미리 계산하는지 묻는 체스 애호가들은 "원칙적으로 단 한 수도 없다"라고 대답하면 항상 놀란다. 과거 안데르센의 시대에, 콤비네이션을 만드는 능력은 기실 체스 재능의 본질 중의 본질이었다. 그러나 그 이후로 체스의 개념은 더욱 발전했고, 체스에서 사전에 정확하게 수를 계산하는 능력은 아마도 능숙한 계산 능력이 수학에서 갖는 이점보다 더 높은 위치를 차지하지 않는다.

간단한 수학 공식을 적용하면 일반적으로 정확한 움직임의 순서를 미리 파악하려고 노력하는 게 얼마나 불가능한지, 다른 한편으로는 얼마나 객관적이지 않은지도 쉽게 알 수 있을 것이다. 뚜렷한 위협이 없는 포지션, 즉 평범하고 평온한 포지션에 대해 고려해 보자. 만약 양측이 세 가지 실행 가능한 수를 갖고 있다고 가정한다면, 우리는 너무 멀리 가지 않아도 될 것이다. 일반적으로 말하자면 계산을 수행하기 위해 고려해야 할 숫자 말이다. 만약 모든 변형에 대해 완전한 수(즉, 나의 한 수와 상대의 한 수)를 기준으로 모든 변형을 계산하려면, 이미 $3^2=9$개의 다른 변형을 고려해야 한다. 두 번의 완전한 수를 바탕으로 가능한 변형의 수는 벌써 $3^4=81$개에 달하며, 이들을 계산하려면 우편게임correspondence games이 가장 적합하다.

흑과 백 각각 3수의 변형들을 추가로 계산하길 원한다면, 우리는 그러한 변형의 수가 $3^6=729$개라는 걸 발견하게 된다. 따라서 실제로 실행은 거의 불가능하다. 더군다나 위와 같은 계산을 고생스럽게 했다고 가정했을 때, 거기서 얻을 수 있는 이점은 무엇인가?

변형에 대한 계산은 결과적인 전망으로서의 포지션에서 결국 어떤 콤비네이션이 가장 유리한지를 발견할 수 있는 경우에만 어느 정도 의미가 있을 것이다. 다시금 평온한 포지션에서 세 번의 수를 그렇게 고려한 후에도 명확한 결론이 나타나리라고 가정할 수는 없다. 따라서 체스에서 콤비네이션 외에는 아무 것도 중요하지 않다고 생각하는 일반 플레이어의 관점에서 보면 또 추가적인 계산이 필요하다. 그리고 모든 사람의 계산을 초과하는 속도로, 몇 수 후에는 가능성의 수가 증가할 것이 분명하다.

체스에서 콤비네이션은 미리 계산할 수 있는 가능성의 숫자가 제한적일 때, 즉 한쪽 플레이어의 수가 상대에게 이미 예견된 수를 강요할 때에만 이루어질 수 있다. 이것은 그 수가 상대방이 한 가지 또는 매우 적은 수의 방법으로만 저지할 수 있는 특정한 위협을 포함하는 경우에 발생할 수 있다. 예를 들어 상대 기물과의 교환으로 말을 잡아서 응수해야 하거나, 체크를 불러서 체크에서 빠져 나와야 하는 경우다. 따라서 콤비네이션에는 상대가 강제적으로 둬야 하는 수들을 포함된다. 이러한 경우에만 다양한 변형의 수가 매우 적기 때문에 20개 또는 그 이상의 수를 사전에 계산할 수 있다.

이 책의 본질적인 목적은 정확한 콤비네이션이 아니라 체스에서 움직임을 지시하는 전략적 사고의 개발과 진화와 관련된 모든 종류의 고려 사항을 다루는 것이다. 다음 한 수가 무엇일지 미리 맞추려고 하지 않는 체스를 두는 방법을 포지션 플레이 positional play라고 한다. 콤비네이션을 통한 플레이와 포지션 플레이는 서로 반대되는 것이 아니라 서로를 지지한다. 게임의 계획은 포지션적인 라인에서 진행되며, 원칙적으로는 콤비네이션의 영향력에 의해 결정된다. 이것이 '포지션 플레이란 콤비네이션을 위한 준비'라는 에마누엘 라스커Emanuel Lasker의 선언을 제대로 이해하는 방법이다.

3. 폴 모피

미국인 폴 모피는 초창기에 매우 화려한 체스 이력을 쌓았다. 그는 1857년, 겨우 스무 살이 되던 해에 뉴욕에서 열린 마스터 토너먼트에서 유럽 최고의 마스터들을 쓰러뜨리며 처음으로 수상한 후 마침내 안데르센을 결정적인 방법으로 꺾었다. 질문, 그 성공의 비결은 무엇이었을까? 대답은 그가 콤비네이션에 관한 놀라운 재능이 있었다는 것이다. 그런데 안데르센도 모피 못지 않은 재능을 가졌을 뿐만 아니라 심지어 상상력은 모피보다 더 뛰어났다. 모피가 유리했던 결정적인 이유는 그가 최초의 포지션 플레이어였다는 사실이다.

초창기 포지션 플레이는 거의 언제나 일반적인 원칙에 의해 지배되었다. 사실 모피가 직접 만든 것은 아무것도 없었지만, 그의 게임에는 열린open 포지션을 다루는 방법에 대한 기본 원칙이 분명 포함되어 있었다. 모피는 닫힌closed 포지션에 익숙하지 않았고, 종종 동시대 일부 사람들과는 부합되지 않았다. 그래서 모피가 패한 게임들은 대부분 닫힌 성격의 게임들이었다.

모피의 게임들에서 배워야 할 오프닝 포지션 방법론에서 가장 중요한 원칙은 이후 모든 체스 애호가들에게 당연한 것이 되었다. 바로 오프닝에서의 모든 수는 전개의 진행과 함께 이뤄진다는 것이다.

예를 들어 에반스 갬빗Evans Gambit에서 다음 수들 이후에 도착하는 일반적인 포지션을 제시해 보겠다.

에반스 갬빗Evans Gambit

1	e4	e5
2	Nf3	Nc6
3	Bc4	Bc5
4	b4	Bxb4
5	c3	Ba5
6	d4	exd4
7	0-0	d6
8	cxd4	Bb6

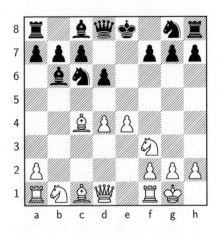

모피 시대 이전에는 전개의 원리가 아직 알려지지 않았기 때문에 플레이어가 콤비네이션을 만들 기회가 없으면 공격 또는 수비 중 하나를 선택했다. 따라서 위 다이어그램의 포지션에서는 **9 d5** 또는 **9 Qb3**, 또는 순수하게 수비적인 **9 h3**가 일반적인 연속 수였을 것이다. 매우 자연스러운 전개로서의 수로 보이는

9 Nc3가 일반적인 수로 자리 잡은 것은 모피의 사례가 처음이었다.

또 다른 예이다. 19세기 전반기의 마스터 게임은 다음과 같은 수로 시작되었다.

스코치 갬빗Scotch Gambit

1	e4	e5
2	Nf3	Nc6
3	d4	exd4
4	Bc4	Bc5
5	Ng5	

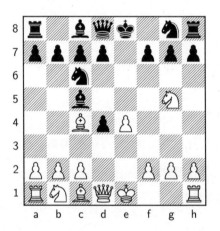

모피라면 전개가 아닌 공격인 **5 Ng5**를 절대 두지 않았을 것이다.

5	...	Ne5

이 수는 매력적으로 보인다. 그것은 f7에 있는 폰을 보호하면서 c4의 비숍을 공격한다.

6	Bxf7+

콤비네이션은 다음과 같이 이어진다.

6	...	Nxf7
7	Nxf7	Kxf7
8	Qh5+	g6
9	Qxc5	

백은 폰을 잡고 뚜렷한 장점을 갖는다.

한 미국 체스 선수가 모피를 상대로 이와 같은 콤비네이션을 시도했다.

백: A. B. 믹Meek   흑: 모피
1855년 모바일
스코치 갬빗

1	e4	e5
2	Nf3	Nc6
3	d4	exd4

4	Bc4	Bc5
5	Ng5	

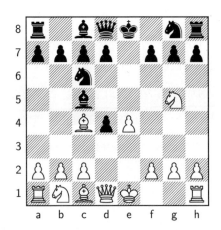

위 다이어그램 포지션에서 모피는 겉보기에는 훌륭한 **5...Ne5**를 두는 일을 스스로에게 허용하지 않았다. 그는 그 수가 다른 기물을 전개시키지 못하게 만드는 단점이 있고 그럼으로써 반격을 만들게 되기에 자신의 원칙과 어긋난다는 걸 알았기 때문이다. 모피는 단순하게 다음과 같이 두었다.

5	...	Nh6

5 Ng5의 결과 백이 원래 설계한 콤비네이션으로 계속 진행되면서 게임은 다음과 같이 진행되었다.

6	Bxf7+	Nxf7
7	Nxf7	Kxf7

| 8 | Qh5+ | g6 |
| 9 | Qxc5 | d6 |

그리고 차이는 뚜렷하게 나타났다. 모피가 (그의 전개 수 5...Nh6의 결과로) c6에서 이미 전개된 나이트가 아닌 미전개된 기물을 교환했기 때문에 d4의 흑 폰은 보호된다. 백의 게임은 안 좋아지고 그의 조급한 공격인 5 Ng5는 반박된다.

4. 안데르센-모피 대국 네 번째 경기

서로 다른 두 학파 간에 이뤄진 이 경쟁은 상상력과 콤비네이션만으로 채워진 특정한 측면만을 게임에 부여한 선수는 장기적으로 봤을 때 패배할 수밖에 없음을 분명히 보여 준다. 왜냐하면 아무리 강하더라도 단순한 재능보다 모피의 포지션 플레이와 빠른 전개 원칙이 우수하다는 사실이 궁극적으로 증명되었기 때문이다.

백: 안데르센   **흑: 모피**

1858년 파리, 네 번째 경기

루이 로페즈Ruy Lopez

1	e4	e5
2	Nf3	Nc6
3	Bb5	a6
4	Ba4	Nf6
5	d3	Bc5
6	c3	b5
7	Bc2	

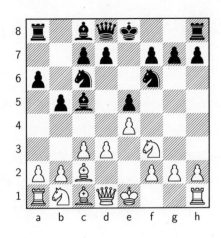

백은 지금부터 환상적인 공격 아이디어를 가지고 있었다. 그는 h7에서의 메이트를 만들기를 원했다. 이 순간에 그런 계획을 구상하는 것은 흑 포지션이 취약하다고 해서 정당화되지 않으며, 현대적 관점에 따르면 거의 터무니 없어 보인다. 그러나 우리는 안데르센이 자신의 아이디어를 발전시키는 과정에서 상대방에게 어떤 위험을 불러일으킬 수 있는지, 그리고 어떻게 약한 상대를 상대로 훌륭하게 성공할 수 있었는지 알아볼 것이다.

7	...	d5
8	exd5	

8 exd5는 상대방의 전개를 촉진하고 흑에게 더 많은 중앙 지형을 제공한다. 그런 점에서 **8 Qe2**가 훨씬 더 나았을 것이다. 그러나 안데르센은 여전히 대각선 b1-h7 대각선을 따라 공격하길 원하기 때문에 기꺼이 e파일 폰을 교환한다.

8	...	Nxd5
9	h3	

백의 시간 손실. 그러나 안데르센은 공격 계획의 연속으로써 곧 **d3-d4**를 두며 흑이 **...Bg4**로 방해할까 봐 두려워한다. 모피는 안데르센과 달리 조용히 자신의 전개를 이어간다.

9	...	0-0
10	0-0	h6

...h6(백의 **h3**에 대응하는 수)는 전개에서 중요하다. 모피는 백의 **Nf3-Ng5**에 방해받지 않는 **...Be6**를 두고자 한다.

11	d4	exd4
12	cxd4	Bb6
13	Nc3	

안데르센은 여기서 전개하는 수를 만들 계획이 있을까? 물론 없다. 단지 우연의 일치일 뿐이다. **13 Nc3**는 본질적으로 **14 Nxd5, 15 Qd3**를 두겠다고 위협하는 공격적인 수인데, **14 Qd3**는 **14...Nf6**로 흑에 의해 바로 저지될 수 있다.

13	...	Ndb4
14	Bb1	

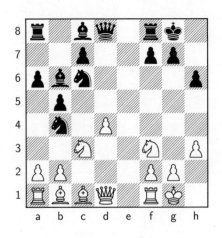

14	...	Be6

모피는 d4의 백 폰을 잡을 수도 있었지만 우직한 전개 수를 선호했고, 그렇지 않았다면 안데르센이 파놓은 여러 복잡한 함정들 중 하나에 빠졌을 것이다. 그 몇 가지 변형을 고려해 보자.

(a)   14...Bxd4 15 Ne2 Bb6 16 a3와 Qc2

(b)   14...Nxd4! 15 Nxd4 Qxd4 16 Qf3 Be6 17 a3 Nd5 18 Rd1

(c)   14...Nxd4 15 Nxd4 Bxd4! 16 Qf3 Be6 17 Be4 Rb8 18 a3 등.

15	a3	Nd5
16	Be3	

16 Be3 또한 우연히 발생한 전개하는 수인데, 왜냐하면 d4에 있는 자신의 폰 보호와 함께 **17 Nxb5 axb5 18 Qc2**를 통해 흑 폰을 얻는 위협을 포함하기 때문이다.

16	...	Nf6
17	Qd2	Re8
18	Rd1	

백이 룩을 열린 파일에 놓지 않고 자신의 폰으로 막힌 파일에 놓는 것은 현재의 개념에 비춰 매우 놀라워 보인다. 그러나 백은 지금 **19 d5**를 두겠다고 위협하여 흑으로 하여금 d5에 기물 하나를 놓게 하고, 그 결과 흑은 h7을 보호하는 f6 나이트를 옮기 게 된다.

18	...	Bd5

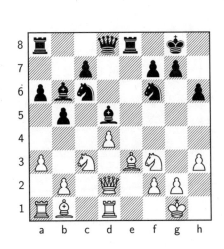

19		Ne5

안데르센이 깊이 판 또 다른 함정이다. 흑이 그가 제공한 폰을 가져갔다면 재앙이 펼쳐졌을 텐데 **19...Nxe5 20 dxe5 Rxe5 21 Bxb6 cxb6 22 Ba2 Qe8 23 Nxd5 Nxd5 24 f4**로 백이 승리한다. 그러나 모피가 계속 전개하면서 이미 허약해진 백의 중앙 포지션을 점점 더 약화시키기 때문에 이 모든 기술은 도움이 되지 않는다.

19	...	Qd6
20	Qc2	Nxd4
21	Bxd4	Bxd4
22	Nxd5	

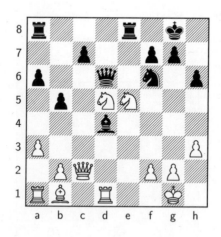

22	...	Qxe5

22...Qxe5로 모피는 마지막 함정을 피한다. 만약 22...Qxd5
면 23 Nc6 Re4 24 Rxd4 Rxd4 25 Ne7+.

23	Nxf6+	Qxf6
24	Qh7+	

안데르센은 결국 대각선 b1-h7을 따라 공격을 수행했다. 하
지만 메이트는 없고 체크만 있기에 이제 모피는 게임을 이겼다.

24	...	Kf8
25	Be4	Rad8
26	Kh1	Bxb2
27	Rab1	Rxd1+
28	Rxd1	Qxf2
29	Qh8+	Ke7
30	Qh7	Be5
31	Bf3	Qg3
32	Kg1	Qg6

그리고 흑은 폰 우세로 승리한다.

5. 오프닝

모피의 많은 게임에서 분명하게 드러나는 또 다른 그의 통찰력은, 게임이 열리면 열릴수록 우수한 전개의 가치는 그에 비례하여 증가한다는 점이다.

따라서 전개가 뛰어난 쪽은 열린 게임으로 만들기 위해 최대한 노력해야 하고, 전개가 뒤지는 쪽은 게임을 닫힌 게임으로 유지하는 것이 유리하다. 이제 몇 가지 특징적이고 예시적인 게임들을 소개하겠다.

백: 모피(핸디캡으로 a1 룩 제외)

흑: 아마추어

1855년 뉴올리언스

에반스 갬빗

1	e4	e5
2	Nf3	Nc6
3	Bc4	Bc5
4	b4	Bxb4
5	c3	Bc5
6	d4	exd4
7	0-0	Bb6
8	cxd4	d6

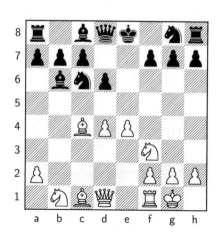

이 오프닝에서 익숙한 포지션이다. 모피가 어떻게 수를 전개시킬 수 있는지에 대해 고민하는지 살펴보자. 오래된 원칙에 따라 플레이 하는 흑은 공격적인 움직임을 보인다.

9	Nc3	Na5
10	Bd3	Bg4

더 나은 전개는 깔끔한 **10...Ne7**이지만, 텍스트 무브*는 공격적이다.

11	Be3	Qf6

11...Qf6는 공격적인 수다. 그러나 게임 초반에 퀸을 너무 일

---

* 원래 기보에서의 행마를 가리키는 말로 예를 들어 여기서의 텍스트 무브는 10...Bg4다.

찍 꺼낸 것은 전개상의 실수다.

12	Nd5	Qd8
13	h3	Bxf3
14	Qxf3	Nf6

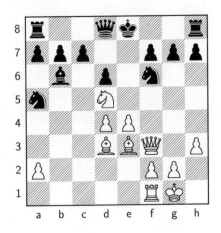

흑의 전개가 너무 늦어졌다. 모피는 매우 유쾌한 콤비네이션
으로 승리한다.

15	Bg5	Bxd4
16	e5	Bxe5
17	Re1	0-0
18	Rxe5	dxe5
19	Nxf6+	gxf6
20	Bxf6 그리고 흑 퀸을 잡고 게임에서 승리	

이 게임은 모피의 특징인 폰 희생을 참고할 수 있는 기회도 제공한다. 그는 자신의 전개 원칙 덕분에 종종 상대가 캐슬링을 하기 전에 자신의 룩과 비숍을 움직일 수 있었다. 이 기물들은 열린 라인을 필요로 한다. 모피의 이른 폰 희생은 그 목적, 즉 라인의 개방을 위한 것이며 정확한 계산 없이 대부분 포지션을 위한 목적으로 이루어졌다. 다음 게임이 그 예가 될 것이다.

백: J. W. 슐텐Schulten   흑: 모피

1857년 뉴욕

포크비어 카운터 갬빗Falkbeer Counter Gambit

1	e4	e5
2	f4	d5
3	exd5	e4
4	Nc3	Nf6
5	d3	Bb4
6	Bd2	e3

e파일이 열린다.

7	Bxe3	0-0
8	Bd2	Bxc3
9	bxc3	Re8+
10	Be2	Bg4

11	c4	c6!

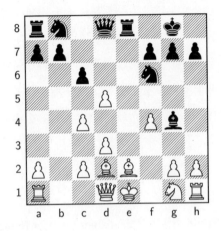

d파일을 여는 전조다.

12	dxc6	Nxc6
13	Kf1	

이때까지 모피는 일반적인 원칙을 따르는 포지션 라인에서 플레이 했다. 하지만 이제 그는 정확하게 계획된 수들로 강력한 위력을 발휘하는 콤비네이션 플레이를 선보인다.

13	...	Rxe2
14	Nxe2	Nd4
15	Qb1	Bxe2+
16	Kf2	Ng4+
17	Kg1	

흑은 7수 안에 메이트를 강요한다.

17	...	Nf3+
18	gxf3	Qd4+
19	Kg2	Qf2+
20	Kh3	Qxf3+
21	Kh4	Nh6
22	h3	Nf5+
23	Kg5	Qh5#

여전히 더 많은 특징적이고 더 주목할만한 가치가 있는 모피의 게임들은 체스 기술의 발전과 관련하여 다음과 같은 의미를 가진다. 그의 상대들은 오프닝에서는 더 나은 전개를 가진 쪽이 유리하다는 원칙에 익숙하지 않았다. 게다가 전개에 결함이 있는 플레이어가 자신의 포지션을 자유롭게 할 목적으로 폰을 전진시키는 것은 상대 기물들의 기동성을 높이는 길을 열 뿐이라는 원칙을 알지 못했다.

백: 폴 모피

흑: 알론조 모피Alonzo Morphy

1849년 뉴올리언스

에반스 갬빗

1	e4	e5

2	Nf3	Nc6
3	Bc4	Bc5
4	b4	Bxb4
5	c3	Bc5
6	d4	exd4
7	cxd4	Bb6
8	0-0	Na5
9	Bd3	d5

백 룩을 위한 e파일과 백 퀸스 비숍을 위한 대각선 a3-f8를 여는 흑 폰의 잘못된 전진이다. 더 나은 수는 **9...d6**였다.

10	exd5	Qxd5
11	Ba3	Be6
12	Nc3	Qd7
13	d5!	

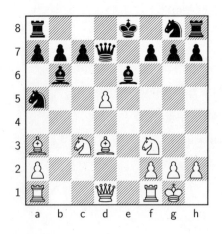

백의 이 특징적인 폰 희생으로 d파일이 열린다.

13	...	Bxd5
14	Nxd5	Qxd5
15	Bb5+	Qxb5
16	Re1+ 그리고 승리	

백: 모피(핸디캡으로 눈가리개를 함)

흑: 아마추어

1858년 뉴올리언스

에반스 갬빗

1	e4	e5
2	Nf3	Nc6
3	Bc4	Bc5
4	b4	Bxb4
5	c3	Ba5
6	d4	exd4
7	0-0	dxc3
8	Ba3	

이론상 권장되는 수는 **8 Qb3**지만, 텍스트 무브가 모피의 플레이 방식과 일치한다. 의도는 흑의 **...d6** 이후, **e4-e5**로 돌파

를 달성하고, 완전히 열린 게임으로 상대 집home[*]으로 향하는
전개를 시작하는 것이다.

8	...	d6
9	Qb3	Nh6
10	Nxc3	Bxc3
11	Qxc3	0-0
12	Rad1	Ng4

백이 이미 **e5**를 두겠다고 위협하고 있었다.

13	h3	Nge5
14	Nxe5	Nxe5
15	Be2	

그리고 백은 이제 **e5**를 이어서 두기 위해 **f4**를 둔다. **15 Bb3**
는 **15...Be6**라는 응수로 인해 거의 쓸모가 없었을 것이다.

15	...	f5

---

* 주요 기물이 놓인 랭크를 이르는 말로 백의 집은 1랭크, 흑의 집은 8랭크가 해
당된다.

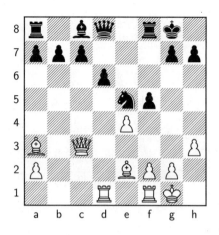

결함이 있는 전개로 게임을 시작한 것이 흑이 패배하는 주된 실수다. **15...f6**가 옳았다. **...f5**로 인해 e파일과 대각선 a1-h8 및 a2-g8가 모두 열리고, 백이 더 나은 전개 덕분에 먼저 점령할 수 있기에 유리하다는 것을 관찰할 수 있다.

16	f4	Nc6
17	Bc4+	Kh8
18	Bb2	Qe7
19	Rde1	Rf6
20	exf5	Qf8

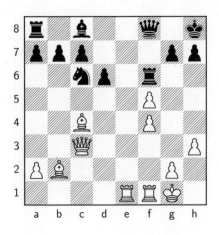

백은 어렵게 얻은 포지션적 이점을 놀랍도록 아름다운 콤비네이션을 통해 승리로 바꾼다.

21	Re8	Qxe8
22	Qxf6	Qe7
23	Qxg7+	Qxg7
24	f6 그리고 백 승리	

만약 24...Qf8면 25 f7+ Ne5 26 fxe5 h5 27 e6+ Kh7 28 Bd3+ Kh6 29 Rf6+ Kg5 30 Rg6+ Kf4 31 Kf2로 다음 수에서 흑이 메이트된다.

02 슈타이니츠

빌헬름 슈타이니츠 ⓒ클리블랜드공공도서관

6. 빌헬름 슈타이니츠

과거 시대에는 포지션 플레이가 거의 처음부터 끝까지 일반적인 원칙에 기초하고 있다고 이미 언급했다. 이러한 일반 원칙에 대한 인식과 발전은 당시 체스 플레이의 발전과 거의 동일했다. 이러한 일반 원칙에 대한 노력과 연구를 통해, 당시 체스가 과학적 노선에서 다루어졌음이 분명해졌다. 체스에서의 과학적 경향을 가장 분명하게 대표하는 사람은 빌헬름 슈타이니츠(1836~1900)였다.

나는 여기서 모피와 슈타이니츠가 세우는 계획의 차이점을 각각 숙고해 볼 것을 제안한다. 모피는 게임을 시작하면서부터 중앙으로 전진하기 위해 최선을 다했고, 그래서 그의 게임은 아주 일찍 개방됐다. 모피가 대부분의 경우 초반에 상대보다 더 나은 전개를 펼칠 수 있었던 것은 그의 전개 원칙 덕분이었다. 그러나 이러한 모피의 원칙이 모든 체스 플레이어의 공통적인 속성이 되면서 열린 게임에서 우위를 점하기는 어려워졌다.

그와는 반대로 오프닝의 오래된 형태는 초기에 비숍과 룩의 상호 대결을 가져왔고 단순한 교환으로 이어졌다. 예를 들어 모피는 프렌치 디펜스에 대응하여 소위 **교환** 변형인 **1 e4 e6 2 d4 d5 3 exd5 exd5**를 선택했는데, 이는 두 개의 중앙 폰이 제거되기 때문에 더 열린 게임을 제공한다. 모피는 이 오프닝을 빠른 전개에 의해, 그리고 유일하게 열려 있는 파일인 e파일에서 자신의 룩을 더블 룩으로 만들어 장악하려는 목적으로 사용했다.

그리고 그것은 상대가 전개에 실패한 결과 제때에 자신의 룩으로 대항할 수 없었기 때문에 가능했던 일이었다. 이 프렌치 디펜스 변형은 오늘날 전형적인 무승부 변형으로 여겨지는데, 흑으로선 일반적으로 좋은 플레이를 통해 자신의 메이저 기물*들을 백의 메이저 기물들에 대항하는 위치에 놓을 수 있기 때문이다. 백이 그 파일들에 대한 지휘권을 포기하지 않으려 하면 일반적인 교환으로 내몰려 상대방에게 결정적인 포지션적 이점을 주게 된다.

슈타이니츠는 게임 초반에 이러한 단순화 과정을 피하고 상대에게 교환으로 위협받지 않고 공격하기 위한 깊이 잠재된 기동을 준비할 기회를 갖기 위해 중앙에서 더 방어적이면서도 강력하고 공격하기 어려운 포지션을 확보하는 오프닝을 기꺼이 선택했다. 그는 이러한 안정된 중앙 포지션 덕분에 천천히, 그러나 꾸준하게 측면 공격을 준비할 수 있었다.

다음 미하일 치고린Михайл Ивáнович Чигóрин과의 대국에서 이러한 전형적인 슈타이니츠식 플레이 방식을 볼 수 있다.

---

* 메이저 기물은 퀸과 룩, 마이너 기물은 비숍과 나이트를 이른다.

7. 슈타이니츠-치고린

백: 슈타이니츠   흑: 치고린

1892년 아바나, 네 번째 대국

루이 로페즈

1	e4	e5
2	Nf3	Nc6
3	Bb5	Nf6
4	d3	

여기서 모피와 슈타이니츠의 차이점을 즉시 알 수 있다. 전자는 항상 **d2-d4**로 가능한 한 빠른 순간에 압박을 가하는 데 급급했다. 반면 슈타이니츠는 중앙 돌파를 원하지 않고 강력한 포지션을 구축하여 나중에 실행할 킹사이드에서의 공격을 준비하는 데 더 관심이 있다.

| 4 | ... | d6 |
| 5 | c3 | |

흑 기물들의 강제적인 중앙 점령을 불가능하게 만드는 c3와 e4에 있는 백 폰들의 포지션은 슈타이니츠의 게임에서 e4로 열릴 때마다 규칙적으로 나타난다.

5	...	g6
6	Nbd2	

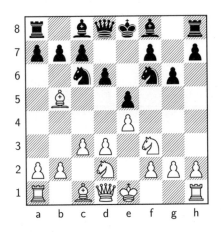

6 Nbd2는(d2와 f1 칸을 통해) 나이트를 e3 또는 g3로 이동시켜 공격을 수행하려는 의도로, 오늘날 많은 사람들이 선호하는 이 전술은 슈타이니츠로부터 유래됐다. 실제로 슈타이니츠의 경기에서는 이러한 확장된 나이트 기동을 자주 볼 수 있다. 항상 열린 게임을 추구한 모피로선 그런 종류의 기동이 불가능했는데, 열린 포지션에서 많은 시간을 상실할 엄두를 내지 못했기 때문이다. 슈타이니츠의 주목할 만하고 전형적인 특징은 캐슬링의 지연이다. 그럼으로써 퀸사이드 캐슬링의 가능성이 늦게까지 열려 있었다.

6	...	Bg7
7	Nf1	0-0
8	Ba4	

8 Ba4는 이 비숍이 공격에 대비할 수 있도록 하기 위해서다. 이 모든 것은 **d2-d4** 이후에는 할 수 있는 시간이 없는, 그때의 열린 포지션을 위한 광범위하게 준비된 기동이다.

8	...	Nd7

이는 **...Nc5**와 **...d6-d5**를 통해 가능하면 열린 게임으로 만들려는 아이디어다.

9	Ne3	Nc5
10	Bc2	Ne6
11	h4	

이제 모피의 원칙에 분명히 반하는, 초기 단계에서의 킹사이드에 대한 공격이 미전개된 포지션으로부터 시작된다. 그러나 본질적인 요점은 백의 중앙에 대한 흑의 반격이 백의 확고한 포지션으로 인해 성공적인 결과를 얻지 못한다는 사실이다. 마찬가지로 주목할 만한 것은 모피의 유사한 게임들에서 **h4**를 찾을 수 없다는 점이다. 그 이유는 모피가 슈타이니츠와는 달리 항상 게임 초반에 캐슬링을 했기 때문이다.

11	...	Ne7

이 수 후에 흑은 **...d5**를 효과적으로 둘 수 있다.

12	h5	d5
13	hxg6	fxg6

흑으로선 아마도 **13...hxg6**가 더 나았을 것이다. 그러면 슈타이니츠는 다른 선수들의 비슷한 포지션에서 볼 수 있듯이 퀸 교환을 피하려고 **14 Qe2**로 계속했을 것이다. 동시에 e4와 c3의 폰이 형성한 강력한 폰 구조는 유지되면서 공격 지점을 찾을 수 없기 때문에 흑은 d파일을 연다고 해도 거의 이득을 얻지 못했을 것이다.

대각선 a2-g8가 **...fxg6**로 약화된 후 슈타이니츠는 d5에서의 교환으로 대각선을 완전히 연다.

14	exd5	Nxd5
15	Nxd5	Qxd5
16	Bb3	Qc6
17	Qe2	Bd7
18	Be3	Kh8
19	0-0-0	Rae8
20	Qf1	

20 Qf1은 분명 **...Nd4**에 대응하기 위한 방어적인 수다. 충돌을 결정하기 위한 실제적인 준비다.

20	...	a5

21		d4

이렇게 하면 궁극적으로 다른 백 비숍이 결정적인 메이트 공격을 위한 대각선 a1–h8의 우측에 위치할 수 있다.

21	...	exd4
22	Nxd4	Bxd4

22...Nxd4 후에는 23 Rxd4가 똑같이 따라온다.

23	Rxd4	Nxd4
24	Rxh7+	

깊고 조용한 준비가 끝나면 억눌린 에너지가 모두 분출되면서 끝이 장엄하게 펼쳐진다.

24	...	Kxh7
25	Qh1+	Kg7
26	Bh6+	Kf6
27	Qh4+	Ke5
28	Qxd4+ 그리고 다음 수에서 메이트	

8. 닫힌 포지션

우리는 슈타이니츠가 모피와는 달리 닫힌 게임을 이끌어내려 한 노력을 보았다. 또한 기물의 빠른 전개에 기반한 모피의 원칙은 열린 포지션에서만 올바른 원칙임을 배웠다. 과학적인 체스 시대에 플레이어들이 직면한 다음 문제는 닫힌 포지션을 처리할 수 있는 원칙의 발견이었다. 열린 포지션에서의 전개와 관련된 원칙보다 더 깊고 더 많은 원리를 발견한 것은 슈타이니츠 덕분이다. 그는 또한 모피와는 달리 체스 기술에 관한 완전히 혁명적인 발견을 이론서와 게임 분석에서 제시했다. 그 결과 그는 몇 년 전까지만 해도 체스를 선도했던 학파의 창시자가 되었다.

슈타이니츠는 닫힌 포지션에서 가장 중요한 것은 기물의 전개가 아니라 특정한 연속적인 포지션적 특성이라는 것을 알아냈다. 이러한 특성은 보드의 기물에서 사용 가능한 자원과 구조적 형세를 통해 알 수 있다. 그의 발견은 너무 포괄적이어서 여기서 모두 설명할 수는 없다. 하지만 그의 아이디어를 어느 정도 이해할 수 있도록 이미 언급한 포지션적 특성을 자주 사용하는 사례를 보여주는 두 게임을 소개한다.

9. 슈타이니츠-맥도넬

백: 슈타이니츠

흑: G. A. 맥도넬MacDonnell

1865년 더블린

필리도르 디펜스Philidor Defence

1	e4	e5
2	Nf3	d6
3	Bc4	

백은 여기에서는 **3 d4**가 일반적이다. 그러나 우리는 이미 슈타이니츠가 중앙에서 게임을 시작하는 것을 좋아하지 않고 난공불락의 확고한 중앙 포지션 구축에 만족하는 것을 보았다. 그럼으로써 그는 상대방의 방해를 받지 않고 자유롭고 천천히, 그러나 끈질기게 킹사이드에 대한 공격을 준비할 수 있었다.

3	...	Be7
4	c3	Nf6
5	d3	0-0
6	0-0	Bg4
7	h3	Bxf3
8	Qxf3	c6

9	Bb3	Nbd7
10	Qe2	Nc5
11	Bc2	Ne6
12	g3	Qc7
13	f4	Rfe8
14	Nd2	Rad8
15	Nf3	Kh8
16	f5	Nf8

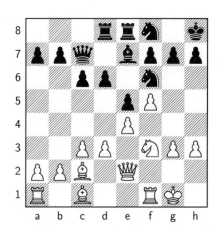

이제 흑은 백의 **모종의** 계획에 따라 기물을 배열할 공간이 너무 적기 때문에 어려운 포지션에 있다. 그래서 그는 계획 없이 이곳저곳을 떠돌아다닌다.

17	g4	h6
18	g5	hxg5
19	Nxg5	Kg8

20	Kh1	N6h7
21	Nf3	

여기서 기억해야 할 가장 중요한 원칙은 다음과 같다. 자신이 더 많은 영토를 장악하고 있다면 교환을 통해 상대방의 포지션을 자유롭게 만들지 말아야 한다는 것이다.

21	...	Rd7
22	Rg1	Bd8
23	Bh6	f6
24	Rg2	

더 큰 자유를 가진 공간이 주는 이점이 여기서 분명하게 드러난다. 백은 g파일에 더블 룩*을 만들 가능성, 더 좋게 말하면 공

---

* 하나의 파일에 룩 두 개가 나란히 서는 상태를 말하며 일반적으로 유리한 포지션으로 평가된다.

간이 있다. 하지만 흑은 그렇게 할 수 없다.

24	...	d5

흑의 패배를 재촉하는 실수다. 그러나 합리적인 수를 둘 수 없는 이런 류의 어려운 포지션에 있는 선수가 실수를 회피하기란 어렵다.

25	Rag1	R8e7
26	exd5	cxd5
27	Ba4	Rd6
28	Rxg7+	Rxg7
29	Rxg7+	Qxg7
30	Bxg7	Kxg7
31	Qg2+	

그리고 백은 물질적 우위를 통해 승리한다.

10. 슈타이니츠-블랙번

백: 슈타이니츠

흑: J. H. 블랙번Blackburne

1876년 런던 대국 #1

루이 로페즈

1	e4	e5
2	Nf3	Nc6
3	Bb5	a6
4	Ba4	Nf6
5	d3	d6
6	c3	

여기서 다시 전형적으로 슈타이니츠적인 계획이 나온다.

| 6 | ... | Be7 |
| 7 | h3 | |

이로써 흑 킹사이드에 대한 공격이 이미 시작됐다.

| 7 | ... | 0-0 |
| 8 | Qe2 | Ne8 |

9	g4	b5
10	Bc2	Bb7
11	Nbd2	Qd7
12	Nf1	Nd8
13	Ne3	Ne6
14	Nf5	g6
15	Nxe7+	Qxe7

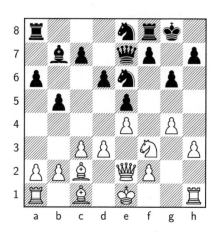

흑은 **14...g6**를 두었을 때 f6와 h6 칸을 보호하기 위해 g7에 비숍이 있었어야 한다. 그 비숍이 교환되었으니, 이제 백이 기물을 놓을 가능성이 있는 f6와 h6 칸이 흑 포지션에서 소위 약점이 된다. 슈타이니츠가 자신의 마지막 승리를 위해 그러한 약점을 어떻게 활용하는지를 주목할 만하다.

16	Be3	N8g7
17	0-0-0	c5

18	d4	exd4
19	cxd4	c4
20	d5	Nc7
21	Qd2	a5
22	Bd4	f6
23	Qh6	b4
24	g5	f5
25	Bf6	

흑의 킹스 비숍 교환 이후 10수가 진행됐고 백은 이른바 흑의 약점을 확실히 잡았다.

25	...	Qf7
26	exf5	gxf5
27	g6	Qxg6
28	Bxg7	Qxh6+

흑은 28...Qxg7을 뒀다면 29 Rg1 이후에 기물을 포기해야만 한다.

29	Bxh6	Rf6
30	Rhg1+	Rg6
31	Bxf5 그리고 승리	

03 슈타이니츠 학파

빈 카페: 체스 플레이어들_모리츠 융 ⓒ메트로폴리탄미술관

11. 지크베르트 타라시

슈타이니츠의 아이디어는 당시로서는 너무 새로웠다. 소홀한 전개, 분명히 잘 배치된 기물의 철회와 연동되는 확장된 나이트 기동술, 영구적인 포지션과 반대되는 순간에 대한 경멸(이해하기 더 어려운)은 동시대인들과 너무 멀리 떨어져 있었기 때문에, 슈타이니츠에게서 파생된 독창적인 유산은 그에 대한 깊은 숙고보다는 그의 고집과 기이한 것에 대한 선호에서 더 기인한다. 하지만 슈타이니츠가 동시대 최고의 선수들인 안데르센, 블랙번, 요하네스 주케토르트Johannes Zukertort, 치고린을 이겼다는 사실 자체가 슈타이니츠를 대변해 줬다.

당시의 야심찬 젊은 마스터들은 다른 어떤 게임보다 슈타이니츠식 게임을 선호하기 시작했고, 그렇게 해서 슈타이니츠 학파가 발생했다. 이는 슈타이니츠 체계의 모방이라기보다는 슈타이니츠의 기술(슈타이니츠의 게임 방식이 아닌)과 빠른 기물 전개가 주를 이루던 당시의 일반적인 게임 방식을 결합했다고 할 수 있다. 후자는 슈타이니츠가 소홀히 했던 부분이다. 이 새로운 스타일의 창시자이자 이 스타일을 주도한 사람, 그리고 실제로 그 시대를 대표하는 가장 저명한 인물은 지크베르트 타라시 Siegbert Tarrasch 박사(1862~1934)다. 타라시는 또한 슈타이니츠 연구의 또 다른 분야, 즉 상대방의 갑갑한 포지션을 올바르게 다루는 방법을 개발했는데, 이는 단순히 비중이 작거나 덜 중요한 분야가 아니었다. 공간에서의 큰 자유는 슈타이니츠의 영구적인 포지션 특성 중 가장 중요한 것이다. 다른 대부분의 경우(두 비숍이 주는 이익이나 다른 사이드의 약점이 주는 불이익 등과 같은)에서는 갑갑한 포지션을 강요할 수 있다.

게저 마로치Géza Maróczy, 카를 슐레히터Carl Schlechter, 리하르트 타이히만Richard Teichmann 등의 마스터들의 수많은 토너먼트 게임이 참호전과 비슷했다는 점을 기억한다면 타라시가 당시 진행되던 실질적인 발전에 막대한 영향을 끼쳤다는 사실을 인지할 수 있을 것이다. 타라시의 이러한 큰 영향력은 체스 경기에서의 활동뿐만 아니라 작가적 업적에서도 기인한다.

타라시는 자신의 방법을 혼자만 알고 있었던 다른 많은 마스터들과는 달리 체스에 대한 자신의 이론과 사고방식을 항상 다른 사람들에게 전달하고 토론의 대상으로 삼았다. 지난 10년 동안 체스의 일반적인 수준은 상당히 높아졌다. 그 공로의 상당 부분은 체스 문헌에서의 타라시의 활동 덕분이라고 할 수 있다. 그가 자신의 지식을 출판하고 다른 모든 사람들에게 제공하지 않았다면 체스 선수로서 더 큰 성공을 거둘 수 있었을지도 모른다. 체스를 단순한 게임이 아니라 예술로 평가할 후손들은 타라시를 세속적 성공(그 자체로도 훌륭한 성과를 거둔)이 아니라 그의 퍼포먼스에 내재된 본질적 장점과 인격적인 면을 보고 판단할 것이다.

12. 타라시-슐레히터

백: 타라시 박사　　　　**흑: 슐레히터**

1894년 라이프치히

루이 로페즈

1	e4	e5
2	Nf3	Nc6
3	Bb5	d6

3...d6는 강력한 공격 시스템으로 작전을 펼치는 타라시에 대응하는 소위 슈타이니츠 디펜스다.

4	d4	

백의 계획은 타라시가 **중앙의 포기**로 정의한, 강제적인 흑의 **...exd4**로 구성된다. 즉, 타라시는 중앙 폰 대형(e4의 백 폰, d6의 흑폰)이 백에게 더 많은 자유로운 공간을 제공한다는 점을 최초로 강력하게 증명했다(8수에 대한 해설 참고).

4	...	Bd7

흑은 d4에서의 불리한 교환을 피하기 위해 애쓰고, e4에서의

반격을 통해 e5에서 공격받은 폰을 방어한다.

5	Nc3	Nf6

백은 e4의 폰을 보호하고 흑은 한 번 더 그곳을 공격했다.

6	0-0	Be7
7	Re1	

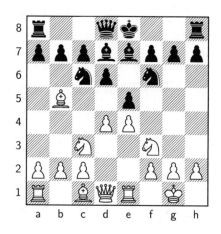

백은 e4의 폰을 방어하면서 흑에게 중앙의 포기를 강요한다. 오프닝에 대한 많은 책에서 언급된 잘 알려진 게임(1892년 드레스덴, 타라시 박사-G. 마르코Marco)에서는 **7...0-0**을 두면 **8 Bxc6 Bxc6 9 dxe5 dxe5 10 Qxd8 Raxd8 11 Nxe5 Bxe4 12 Nxe4 Nxe4 13 Nd3 f5 14 f3 Bc5+ 15 Nxc5 Nxc5 16 Bg5**에 이어서 **Be7**으로 백이 승리한다.

7	...		Nxd4

흑은 폰뿐만이 아니라 나이트도 교환할 목적인데, 동시에 백 퀸이 점령하고 전개하기 때문에 시간을 낭비하게 된다. 하지만 이 교환을 전적으로 거부할 수는 없다. 일반적으로 말하자면 갑 갑한 포지션에서는 가능한 한 자유로워지는 것이 좋은 계획이 며, 제한된 영역에서는 더 적은 수의 말로 더 잘 전개할 수 있기 때문이다.

나중에 슐레히터가 패배하게 된 근본적인 오류는 일관성이 부족해서였다. 첫 번째 경우, 그는 교환을 통해 상황을 더 용이하게 만들려고 했지만, 이후에는 자신의 폰을 d5 또는 f5로 전진시키는 일반적인 방법으로 자신을 자유롭게 하는 계획을 채택했다. 그러나 흑은 백의 **Nxd4**로 시간을 잃은 후 더 이상 그런 자유로운 성격의 폰 전진을 할 수 없게 됐다.

8	Nxd4		exd4

폰 대형(e4의 백 폰, d6의 흑 폰) 덕분에 백이 더 자유로운 게임을 할 수 있다는 사실을 증명하기 위해 이제 백과 흑 기물들각각의 전개 가능성을 대조해 보겠다.

1. 룩: 백 룩은 d파일, e파일로 전개할 수 있지만, 흑 룩은 e파일로만 전개할 수 있다.

2. 비숍: 백 비숍은 자유롭게 움직일 수 있지만, 흑 비숍은 d6에 있는 흑 폰이 e7에 있는 비숍을 막고 있다.

3. 나이트: 나이트는 단거리 이동이 가능한 기물이므로 룩이나 비숍처럼 뒤에 머물러 있을 수 없고 전진 기지를 찾아야 하며, 그곳이 보호되어야만 자신의 권위를 누릴 수 있다. 따라서 나이트들이 가장 획득할 가치가 있는 목적지는 자신의 폰으로 보호할 수 있는 가장 앞쪽의 칸이다. 지금 이 게임에서 가장 앞쪽 칸은 밝은 d5와 f5, 어두운 c5와 e5가 될 것이다. 백은 자신의 나이트를 본인 기준 다섯 번째 랭크(5랭크)에 영구적으로 배치할 가능성이 있고 반대로 흑은 본인 기준 네 번째 랭크(5랭크)에만 배치할 가능성이 있음을 알 수 있다. 따라서 백 나이트는 캐슬링한 흑 킹을 향한 공격에서 흑 나이트보다 더 활발하게 참여할 수 있다.

이러한 포지션적 불리함은 흑이 ..d5 또는 ...f5로 e4에 있는 백 폰을 제거하는 데 성공할 때에만 극복할 수 있다.

| 9 | Bxd7+ | Qxd7 |

흑은 9...Nxd7으로 훨씬 더 좋은 포지션을 확보할 수 있었다. 그럼으로써 비숍은 자유로운 f6 칸을 확보하고 e파일은 (f8의) 룩을 위해 남기고, 나이트는 e5나 c5로 더 전개할 수 있었을 것이다. 9...Qxd7 이후 흑의 갑갑한 포지션은 자신의 기물들이 서로를 방해할 정도로 강조된다. 퀸은 f6 나이트에게서 d7 칸을

빼앗은 상태다. 나이트는 e7 비숍의 출구를 막고, 그 비숍은 룩에게 유일하게 열려있는 파일, 즉 e파일을 닫아 버린다.

그러나 슐레히터는 퀸으로 비숍을 잡았는데, 그 이유는 d7의 퀸이 ...d6-d5를 지탱시키는 불가능한 계획을 따르기 때문이다. 그런 계획이 실행 불가능하다는 것을 보여준 사람이 타라시다.

10	Qxd4	0-0
11	b3!	

11 b3는 백 비숍을 전개시킬 최선의 방법이다. **11 Bg5**는 교환만을 유도할 것이며 모든 교환은 갑갑한 포지션이 구축된 쪽의 이득이 된다.

11	...	Rfe8
12	Bb2	

백은 **13 Nd5**를 두겠다고 위협하고 있다.

12	...	Bf8
13	Rad1	Qc6
14	Rd3	Re6
15	R3e3	Rae8
16	h3	

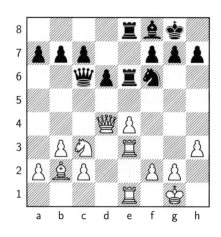

16 h3는 ...Ng4를 막기 위해서다. 흑의 게임을 답답하게 유지시키는 동시에 캐슬링을 한 흑 킹을 향한 결정적인 공격을 준비하는 수들을 관찰할 수 있다.

16	...	Qb6
17	Qd3	

당연하게도 백은 교환하지 않는다.

17	...	c6

흑은 여기서 해방적인 수인 ...d5를 두겠다고 위협한다.

18	Na4!	Qc7
19	c4!	Nd7

20		Kh1

백은 **19...Nd7** 이후 ...f5의 가능성을 고려해야 한다(적절한 시기에 g2-**g4**로 확인해야 함). 그래서 타라시는 먼저 g파일에서의 킹 제거를 선호한다(백의 16수 참고).

20	...	f6
21	Qc2	Ne5
22	Nc3!	

여기서 백의 의도는 유리한 칸인 f5를 위해 안 좋게 배치된 나이트(e2와 d4를 경유한)를 얻는 것이다(8수 참고).

22	...	Nf7

흑의 이 수와 이어지는 수들은 모두 백이 계획한 나이트 기동을 방해하기 위한 목적이 있다. **23 Ne2**를 두면 흑은 자유로운 수 ...**f5**를 만들 기회를 갖게 된다.

23	g4	

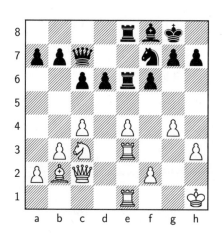

| 23 | ... | Qa5 |

흑은 **Ne2**를 막기 위해 노력하느라 **...d5**로 자유를 얻는 데 관심을 기울이지 않는다. **23...d5 24 exd5 Rxe3 25 Rxe3 Rxe3 26 fxe3 Qg3.**

24	Rd1	Qb6
25	h4	Ne5
26	Rg3	Nf7
27	f3	

이제 흑은 더 이상 백의 **Ne2-d4-f5**를 막지 못하며 백의 공격을 저지하기 위한 마지막 시도로써 모든 전투 자원을 킹사이드에 집결시킨다.

27	...	Nh8
28	Ne2	Qc7
29	Rdg1	

바로 **29 Nd4**를 두는 것은 **29...d5** 때문에 안 된다.

29	...	Qf7
30	Nd4	R6e7
31	g5	fxg5
32	Rxg5	g6
33	Nf5	Re5

흑은 절망적인 상황인데, 왜냐하면 다른 룩을 움직인 후라도 **32 Qc3**가 더 빠르게 싸움을 끝내기 때문이다.

34	f4	

이는 **34...Rxe4** 이후에 **35 Qc3**로 연결하기 위해서다.

34	...	Rxf5
35	exf5	Bg7
36	fxg6	기권

13. 타라시-발브로트

백: 타라시 박사

흑: C. A. 발브로트Walbrodt

1898년 빈

퀸스 갬빗 거절Queen's Gambit Declined

1	d4	d5
2	c4	e6
3	Nc3	Nf6
4	Nf3	Be7
5	Bf4	c6

흑은 복잡성을 피하고 무승부를 얻기 위해 답답하지만 견고한 포지션에 만족한다. 그리고 사실 타라시 박사도 열린 지형을 용인할 생각이 없었다. 그는 모피처럼 흉내낼 수 없는 대단한 메이트 공격의 가능성을 갖거나 상대 포지션에서 약점을 찾아낸 슈타이니츠처럼 타의 추종을 불허하는 이점을 잡았다.

6	e3	Nbd7
7	h3!	

7 h3는 나이트를 지원하는 퀸스 비숍의 교환을 예방하기 위

해서다.

7	...	Nf8
8	c5!	Ng6
9	Bh2	Qa5

흑의 쓸모없는 돌격이다.

10	a3	Ne4
11	Bd3	Nxc3
12	Qd2	Nh4

12..Nh4는 답답한 포지션의 플레이어는 교환 가능성을 모색해야 한다는 원칙을 따른 수다.

13	Nxh4	Bxh4
14	b4	Qd8
15	Qxc3	0-0
16	0-0	Qd7

16...Qd7은 ...Bd8와 ...Bc7을 통해 또 다른 교환을 가져올 의도로 행해진 수다.

| 17 | Qc2 | |

서로 비슷한 포지션에서의 최종 결정은 항상 폰의 돌파에 의해 이루어져야 하며, 타라시는 그러한 목적에서 캐슬링된 상대 포지션에서의 폰 전진을 강요하여 후속으로서의 돌파를 위한 공격 지점을 준비하고자 한다.

17	...	f5

이제 백은 **g4**를 통해 g파일에서의 돌파가 가능해졌다.

18	Kh1	Bd8
19	Be5	

백은 결과가 자신의 포지션 향상을 의미할 때만 흑의 퀸스 비숍 교환에 응할 것이다.

19	...	Bc7
20	f4	Bxe5
21	fxe5	Qe7
22	g4!	g6
23	Rf4	

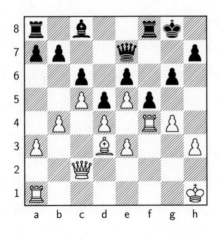

　여기서 한 가지 중요한 점은 백이 **23 gxf5**를 바로 두면 흑은 **23...gxf5**로 대응한다는 점이다. 만약 백이 자신의 메이저 기물을 g파일로 가져온다면, 흑은 그 파일에서 백을 저지할 것이며 백은 아무것도 얻지 못한다.

　백은 흑이 영토 부족으로 인해 저지할 수 없는 곳에 자신의 메이저 기물을 놓아 g파일이 더 열린 포지션이 될수록 유리해질 이점을 먼저 취한 다음 교환을 통해 이득을 얻는다.

23	...	Bd7
24	Rg1	Kh8
25	Qg2	a5

　백 퀸사이드에 대한 흑의 공격 시도는 실패로 돌아갔는데, 백이 흑으로 하여금 위협받는 킹사이드를 방어하기 위해 언제든 사용할 수 있도록 룩을 준비하게 만들었기 때문이다.

26	Bb1	axb4
27	axb4	Ra4
28	gxf5	

적절한 순간이다. **28...gxf5 29 Rf3** 이후 이어지는 **Rg3**
와 **Rg7**이 곧 결론을 내리게 될 것이기 때문이다. 따라서 흑은
...Ra4로 가는 수순으로 e파일 폰으로 잡아야 하고, 이로써 g파
일에서의 그의 닫힌 포지션은 안정화된다. 그 결과 백의 e파일
폰은 보호받는 통과한 폰이 된다.

28	...	exf5
29	Qd2	Rg8
30	Qe1!	

흑의 제한된 킹 포지션에 대한 백 폰들의 맹공 작전의 연속이
여기에서 준비되었다.

30	...	Be6
31	h4	R4a8
32	R4f1	

32 R4f1과 다음 몇 수에서 백은 가능한 한 빨리 전투의 결판
을 내려고 자신의 기물들을 처분하지는 않는다. 그러나 이러한
포지션에서는 상대가 무력화되었으므로 숨 쉴 시간이 허용된다.

32	...	Rg7
33	Rg2	Rag8
34	Rh2	Qd7
35	Bd3	Ra8
36	Qg3	Qe7
37	Rg1	Rag8
38	Rhg2	Rf8
39	Qf4	R8g8
40	Qh6	Bd7
41	Kh2!!	

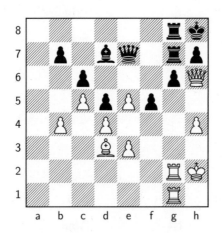

흑의 견고한 포지션에서 백의 **Be2**와 **h5**를 이용한 직접 돌파는 일반적인 기물들의 교환과 엔드게임에서의 무승부로 이끌 수밖에 없다. 이제 타라시는 자신의 우수한 마지막 자원을 사용한다.

그는 교환이 일어나기 전에 킹을 보드 중앙으로 데려오기 위해 활용할 수 있는 많은 열린 공간을 이용하는데, 이는 밀집 대형을 가진 블랙이 따라할 수 없다. 그 때문에 이어지는 엔드게임은 매우 빠르게 백에게 유리하게끔 마무리된다.

41	...	Be6
42	Rg5	Bd7
43	Kg3	Be8
44	Kf4	Bd7
45	h5	Be8
46	hxg6	Bxg6
47	Be2	Qd8
48	Bh5	Bxh5

48...Bxh5는 흑의 또다른 함정이다. 만약 **49 Rxg7**이면 **49...Qh4+**가 나온다.

49	Qxh5	Rxg5
50	Rxg5	Rxg5
51	Qxg5	Qf8
52	e6	**기권**

14. 에마누엘 라스커

과학적인 체스의 시대에는 경험을 바탕으로 이론을 구축한 슈타이니츠나 타라시 같은 정밀한 연구자들뿐만 아니라 전 세계 체스 챔피언인 에마누엘 라스커(1868~1941)라는 이름의 체스 철학자도 있었다. 체스에서의 라스커의 개성을 묘사하려면 철학에 대한 그의 애정을 빠뜨릴 수 없다. 그는 체스와 삶을 비교하는 아주 작은 에세이와 강의로 시작했다. 그런 다음 그는 『투쟁 der Kamp』이라는 제목의 에세이를 썼다. 투쟁은 목표에 도달하는 데 방해가 되는 어려움을 극복하고자 하는 시도를 의미한다. 그는 투쟁을 계속하는 적절한 방법론에서의 일반적인 법칙을 발견하려고 노력했다. 체스는 그가 자신의 이론의 정확성을 시험하기 위해 도입한 순전히 지적이고 직접적인 투쟁의 한 예이다. 즉 라스커의 체스 활동은 그 자체가 목적이 아니라 자신의 철학을 위한 준비 과정이었다.

한때 챔피언이었던 라스커에게 제자가 없다는 사실은 놀랍다. 슈타이니츠는 자신의 학파를 설립했다. 현 시대의 거의 모든 마스터들은 타라시에게서 배웠다. 어떤 이는 최근의 체스 해법에서 젊은 아키바 루빈스타인Akiba Rubinstein의 사상을 아주 분명하게 감지한다. 오직 라스커만이 흉내낼 수 없다. 왜 그럴까? 우리는 묻는다. 그가 우리에게 게임의 발전을 위한 그 어느 것도 주지 않았다고 말할 수 있는가?

다른 마스터들은 특정한 체스 기술을 만들기 위해 노력했다.

그들은 보드와 말의 특성을 연구하고 "두 비숍은 두 나이트보다 강하다" 또는 "룩은 통과한 폰 뒤에 놓아야 한다"와 같은 일반적인 격언들을 제시했다. 이러한 격언들은 무조건적인 가치는 없으며, 제법 넓은 범주에서의 진보적인 체스 기술에 적용되려면 일정한 조건이 필요하다. 하지만 근시안적인 사람들을 위한 안경으로서의 용도는 있다. 라스커는 투쟁의 보편적 법칙만을 인정했고, 이를 통해 슈타이니츠와 타라시를 이기고 그들이 가진 체스 기술의 오류와 결함을 증명했다. 바로 여기에 체스에서의 그의 장점이 있다. 따라서 라스커에게 실력을 향상시키기 위한, 공격과 그에 필요한 방어 간의 협력은 체스 원리에만 국한된 문제가 아니었다. 후자가 그를 괴롭혔지만 큰 문제가 되지는 않았다. 그를 근심스럽게 한 것은 투쟁 그 자체였다. 그러나 거인조차도 맨손의 힘으로는 가장 완벽한 기술을 이길 수 없었다. 그래서 라스커는 호세 라울 카파블랑카José Raúl Capablanca에게 패배했다. 체스에서도, 그 외의 다른 것들에서도 영웅의 시대는 끝났다. 라스커가 가장 독창적이었던 부분은 전개 원칙의 응용이었다. 예를 들어, 올바른 전개를 위해 자기암시적이고 매력적인 수를 회피하는 그의 훌륭한 통제력을 확인해 보자.

백: 슐레히터　　　　**흑: 라스커**

1910년 빈, 첫 번째 대국

루이 로페즈

1　　e4　　　　　e5

2	Nf3	Nc6
3	Bb5	Nf6
4	0-0	d6
5	d4	Bd7
6	Nc3	Be7
7	Re1	exd4
8	Nxd4	0-0
9	Bxc6	bxc6
10	Bg5	Re8
11	h3	h6
12	Bh4	Nh7
13	Bxe7	Qxe7
14	Qf3	

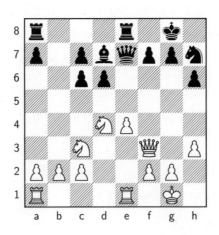

이 포지션은 루이 로페즈 오프닝이었던 라스커-야노프스키 게임과 슐레히터-라스커 게임에서 발생했다.

h7의 나이트가 충분히 효과적이지 않다는 게 분명하다. 야노프스키가 흑일 때는 대부분의 경우처럼 시간을 낭비하지 않고 g5에서 e6의 길로 퀸을 공격하기 위해 나이트를 데려왔다. 그러나 e6에서의 나이트는 자신의 e파일과 d7에 있는 비숍의 출구를 모두 차단하기 때문에 유리한 포지션이 아니다. 따라서 라스커는 올바른 전개를 위해 14...Ng5를 통한 시간 벌이를 포기하면서 슐레히터에 대항하기 위한 14...Nf8(나이트를 g6로 가져가기 위해)를 두었고 15 Rad1 Ng6 16 Qg3 Qg5 이후에 좋은 게임을 얻었다.

15. 마셜-라스커

백: F. J. 마셜Marshall   흑: 라스커

1907년 뉴욕, 첫 번째 대국

루이 로페즈

1	e4	e5
2	Nf3	Nc6
3	Bb5	Nf6
4	d4	exd4
5	0-0	Be7
6	e5	Ne4
7	Nxd4	0-0
8	Nf5	d5
9	Bxc6	bxc6
10	Nxe7+	Qxe7
11	Re1	Qh4
12	Be3	f6

흑은 **12...f6**를 룩(f8)을 전개시키는 동시에 희생이 이어지는 매우 깊은 콤비네이션의 도입부로 쓴다. 라스커의 게임에서는 상대의 위협에 흔들리지 않고 자신의 전개를 계속하려고 노력하는 과정에서 콤비네이션의 아이디어를 포착하고, 우월한 전개로

상대의 위협을 좌절시키는 현상을 자주 발견할 수 있다.

13	f3	fxe5
14	fxe4	d4

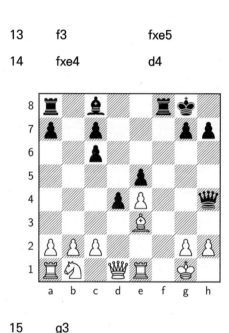

15	g3

백 비숍은 함부로 움직이지 못한다. 예를 들어 **15 Bd2**면 **15...Bg4 16 Qc1 Rf2 17 Bg5 Rxg2+! 18 Kxg2 Bh3+ 19 Kh1 Qf2**, 또는 **15 Bc1**이면 **15...Qf2+ 16 Kh1 Bg4**가 된다.

마셜은 **15 g3** 이후에 비숍을 내줄 수밖에 없다는 사실을 제대로 알았다면 바로 **15...Qe2**를 두는 게 더 나았을 것이다.

15	...	Qf6
16	Bxd4	

여기서 **16 Bd2**를 둔 결과를 조사해 보면 라스커의 콤비네 이션의 깊이를 알 수 있다. 그러면 **16...Qf2+ 17 Kh1 Bh3 18 Rg1 h5!**(...Bg4와 ...Bf3+를 위협한다) **19 Qxh5**(또는 **19 Be1**) **19...Qxg1+ 20 Kxg1 Rf1#.**

16	...	exd4
17	Rf1	Qxf1+
18	Qxf1	Rxf1+
19	Kxf1	

마셜은 흑의 더블 폰으로 인해 엔드게임에서 잘 버틸 수 있겠다고 생각할지도 모르지만, 흑은 더 나은 전개로 유리해진다.

| 19 | ... | Rb8 |

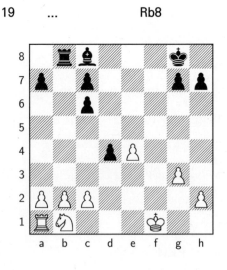

19...Ba6+로 시간을 버는 명백한 전개를 버린 것은 좋은 전개

의 본질에 대한 라스커의 깊은 통찰력을 보여 준다. 사전 준비로써 비숍은 c8에 잘 배치되어 있는데, 그 이유는 거기서부터 두 방향으로 움직일 수 있기 때문이다. 다음에서(백의 21수 참고) 이 두 방향이 어떤 가치를 갖게 되는지 살펴볼 것이다.

20	b3	Rb5

흑 룩이 열린 랭크로 전개했다.

21	c4	

차선책인 **21 Nd2**는 **21...Rc5 22 Rc1 Ba6+**와 **23...Bd3** 때문에 좋지 않았을 것이다. 흑으로선 여기서 비숍을 전개시킬 수 있다는 한 가지 가능성을 고려할 수 있겠지만, 실제로는 다른 쪽에서 전개된다(27수 참조).

21	...	Rh5
22	Kg1	

만약 **22 h4**면 **22...g5 23 hxg5 Rh1+**로 백은 무력해진다.

22	...	c5

이제 흑은 보호받는 폰이라는 이점을 얻었다.

23	Nd2	Kf7!

흑은 Rf1에 의해 차단되기 전에 킹을 전개시킨다.

24	Rf1+	Ke7
25	a3	Rh6!

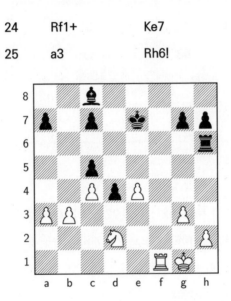

흑 룩은 5랭크에서 더 이상 자유롭지 않으므로 6랭크로 이동
한다.

26	h4	Ra6
27	Ra1	Bg4
28	Kf2	Ke6
29	a4	Ke5
30	Kg2	Rf6
31	Re1	d3

킹이 보호하는 통과한 폰이 승리한다.

32	Rf1	Kd4
33	Rxf6	gxf6
34	Kf2	c6

흑은 시간을 벌기 위한 수를 두는데, 백 기물들이 강제된 수만 가능하기 때문이다.

35	a5	a6
36	Nf1	Kxe4
37	Ke1	Be2
38	Nd2+	Ke3
39	Nb1	f5
40	Nd2	h5
41	Nb1	Kf3

그리고 흑의 승리.

16. 타라시-라스커

백: 타라시   흑: 라스커

1908년 뒤셀도르프, 네 번째 대국

루이 로페즈

1	e4	e5
2	Nf3	Nc6
3	Bb5	Nf6
4	0-0	d6
5	d4	Bd7
6	Nc3	Be7
7	Re1	exd4
8	Nxd4	

백은 첫 4-5랭크에서 공격력을 전개시킬 수 있는 반면, 흑은 자신의 첫 3랭크만 사용할 수 있는 포지션에 도달했다(12. **타라시-슐레히터**에서 이 포지션의 취급과 비교해 보라). 흑은 그 상황에서 갑갑한 자신의 상태를 발견하고 교환을 통해 해방되고자 한다.

8	...	Nxd4
9	Qxd4	Bxb5

10	Nxb5	

이제 우리는 잘 알려진 원칙을 따라 양쪽에서 다음과 같은 전개 수를 갖는다.

10	...	0-0
11	Bg5	Re8
12	Rad1	h6
13	Bh4	Nd7

흑은 e4와 d5 칸의 제어를 시도할 수 없기 때문에 나이트는 f6에 잘못 배치되어 있었던 셈이다. 게다가 그 나이트는 e7 비숍을 가로막고 비숍은 또한 룩의 유일한 오픈 파일을 차단한다. 이런 이유와 추가 교환을 가져오기 위해 **13...Nd7**이 발생한다.

14	Bxe7	Rxe7
15	Qc4	

백은 d4를 통해 f5로 전달하고자 하는 b5의 나이트까지 포함하여 자신의 모든 기물들을 전개시켰다.

15	...	Re5!!

이 수 후에 백은 c7의 흑 폰을 함부로 잡지 못하게 된다.

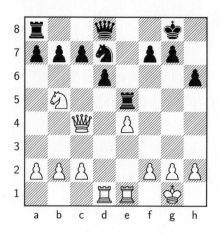

 이 포지션에서 흑은 많은 교환을 통해 갑갑한 포지션의 불리
함, 즉 백 포지션과 대비되는 불리함을 어느 정도 극복했다. 그
러나 백은 두 룩의 전개를 위해 d파일과 e파일을 모두 사용할
수 있는 반면, 흑은 e파일만 열려 있다. 따라서 흑은 두 룩을 모
두 활용할 수 없기 때문에 어려움을 겪는다.

 라스커는 이러한 어려움을 어떻게 극복할까? 그는 일반인에
게는 특별하지 않지만 전문가에게는 대담하고 독창적으로 보이
는 아이디어에 의지한다. 라스커는 백의 어떤 공격도 소용이 없
을 뿐만 아니라 백의 퀸사이드를 효과적으로 괴롭힐 수 있다는
것을 잘 알고 있기에 e5를 통해 자신의 룩을 개방시키길 원한
다.

| 16 | Nd4 | Rc5! |
| 17 | Qb3 | Nb6 |

나이트는 게임의 과정에서 볼 수 있듯이 룩의 지원을 필요로 한다.

18		f4

이 게임에서 타라시의 운영 능력은 상대와 같은 수준이 아니다. 그는 어떤 반작용도 수행하지 않지만 가장 알기 쉬운 일을 한다. 그는 흑이 포지션이 안 좋다고 생각되는 룩을 포기해야 할 경우 사용할 수 있는 칸, 그중에서도 e5에서 차단한다. 하지만 라스커는 룩을 e파일로 그렇게 빨리 되돌릴 생각이 없기에 방금 전에 c5로 옮겼다.

18	...	Qf6
19	Qf3	Re8
20	c3	a5

...a5는 ...a4, ...a3로 퀸사이드를 공격하기 위해서다.

21	b3

이는 흑이 앙파상을 가져가지 못한 채로 **21...a4 22 b4** 후에 흑 룩을 완전히 차단하기 위해서다.

21	...	a4

	22	b4	Rc4

이제 이 흑 룩은 움직일 수 없다.

	23	g3	

f4의 보호받는 폰과 퀸을 이동시키기 위해서다.

	23	...	Rd8

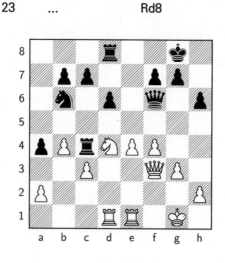

이 수는 백 퀸사이드의 약점과 함께 c4에 있는 룩 포지션의 강점을 단번에 드러낸다. 흑은 이제 ...c5로 백의 퀸사이드를 터트려 자신의 룩을 해방시키고 더 나아가 백 폰들의 약점으로부터 이득을 얻겠다고 위협한다. 반면 바로 **23...c5**를 두는 것은 **24 Nb5** 역습 때문에 실수였을 것이다.

24	Re3	

이제 백은 포지션적으로 열세다. 그는 **24...c5**의 위협에 대해 포지션적 관점에서 아무런 방어책이 없다. 따라서 그는 콤비네이션을 만들려고 시도하는데, 순전히 절망 상태에서 사용하는 모든 콤비네이션이 그렇듯 목적을 달성하지 못한다. 우리는 곧 **24 Re3**가 **24...c5**로 디자인된 콤비네이션을 충족시키는 데 필요한 준비임을 곧 알게 될 것이다(백 27수에 대한 설명 참고).

24	...	c5
25	Nb5	cxb4
26	Rxd6	

여기에 콤비네이션이 온다.

26	...	Rxd6
27	e5	

만약 e3에 있는 룩이 지금 e1에 있었다면 혹은 **27...Qe7 28 Nxd6 Rxc3**로 이득을 얻었을 것이다.

27	...	Rxf4

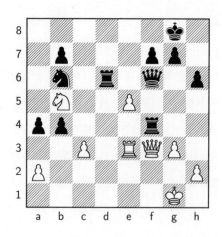

백의 콤비네이션을 틀어지게 만드는 놀라운 수. 백이 뭘 하든 흑은 폰 우세를 유지하게 된다.

28   gxf4   Qg6+

그리고 흑은 퀸사이드에서의 폰 우세를 통해 승리했다.

이 게임에서 우리를 그토록 즐겁게 만드는 것이 무엇인지 물어봐야 할 것이다. 아무런 깨달음 없이 플레이 하는 아마추어는 기껏해야 놀랄 만한 수인 **27...Rxf4**에서 약간의 흥미를 얻을 것이다. 그러나 전문가라면 자신의 혼잡한 포지션에서 스스로 벗어나기 위해 룩을 위험해 보이는 땅에 놓는 라스커의 독창적이고 깊이 있는 아이디어를 큰 긴장감을 갖고 따르고자 할 것이다. 그리고 우리는 냉정하고 무미건조한 방법이 아닌 이 천재적이고 대담한 일격이 승리를 가져오리라는 열망을 경험한다.

방법론자 타라시가 강제로 통과한 룩을 어떻게 닫는지 보자.

우리는 흑의 게임을 패배로 간주하고 포기하려던 참이었다. 우리의 동정을 받은 것은 흑이었다. 하지만 룩을 해방시키고 백 포지션을 부수겠다고 위협하는 놀라운 수인 **23...Rd8**가 나온다. 그리고 다시 백의 반격 콤비네이션이 이뤄진다. 드라마는 절정에 가까워지고 있다. 그리고 해결책인 **27...Rxf4**가 나오자 기적적인 일이 실제로 이루어졌고 모든 현학자들이 실패한 결말을 예언했을 천재의 아이디어가 체계적인 규칙에 따라 모든 것을 이겨냈다는 사실에 우리는 기뻐하게 된다.

우리는 이 책의 서두에서 체스 애호가들이 희생적인 콤비네이션을 통해 얻는 즐거움이란 정신이 물질을 이긴다는 느낌이라는 것을 알 수 있었다. 물질적 이득을 위한 행동은 누구나 하는 일이다. 일상에서 흔히 볼 수 있는 일이며 진부하다고 여겨질 수도 있다. 그러나 희생을 수반하는 콤비네이션으로 승리하는 것은 진부함에 대한 천재의 승리, 또는 온갖 물질적 이득을 얻으려고만 하는 단순한 실용 정신에 맞선 승리를 의미한다. 따라서 체스의 수도자는 꿈꾸지만 원칙적으로는 결코 만나지 못하는 기적을 희생을 통하여 보게 된다.

이제 우리는 체스에서 그토록 큰 즐거움을 주는 것이 모두에게 동일하다는 사실을 알게 되었다. 희생적인 콤비네이션보다 더 훌륭한 게 없다고 생각하는 아마추어나 게임의 광범위한 계획에 경탄하는 전문가나 마찬가지다. 체스는 상상력의 결핍에 대한 지성과 천재성의 승리이며, 물질주의에 대한 인격의 승리다.

17. 체스에서의 아메리카니즘

유럽과 미국의 지적 생활의 차이는 체스에서도 발견되었다. 나는 여기서 동시대의 두 마스터, 바로 루돌프 차루섹 Charousek Rezső Rudolf(1873~1900)과 해리 넬슨 필스베리Harry Nelson Pillsbury(1872~1906)를 그 상호 대조에 용이한 대표자들로 제시하겠다. 나는 차루섹에 대해 다음과 같이 쓴 적이 있다.

"젊음은 여전히 꿈과 이상을 가지고 있지만 삶을 위해 투쟁하는 동안 그것들은 닳아 없어진다. 평범한 시민은 곧 일상 생활의 문제와 슬픔과 기쁨에 빠져들게 된다. 올바른 사람이란 자신의 사상을 굳건히 지키는 사람이며, 그것이 삶과 노동에 대한 주요한 지원이 된다. 그럼에도 불구하고 그가 그것들을 포기하고 벽에 머리를 부딪칠 때가 올 것이다. 그는 엄격한 필요성에 자신을 적응시킨다. 그럼으로써 지체 없이, 점진적으로, 그리고 우회적인 경로를 통해 자신의 목표에 조금씩 다가갈 수 있게끔 한다."

"그러나 현실의 날카로운 모서리가 자신에게 상처를 주더라도 무시할 만큼 어린아이 같으면서도 위대한 사람을 만나기란 어렵다. 그에게 꿈은 현실이며, 그는 자신을 이끄는 길이 없는 목표를 향해 곧장 걸어간다. 그런 점에서 그를 따르는 사람들에게 그의 퍼포먼스는 이해할 수 없을 정도로 단순해 보인다."

"젊고 재능 있는 체스 선수를 보는 것은 즐거운 일이다. 그에게 불길한 경험은 없었고, 트집잡는 보살핌은 낯설기만 하다. 그래서 그는 공격과 대담한 희생을 사랑한다. 왜냐하면 거기에는 그의 궁극적인 목표에 이르는 지름길이 있기 때문이다."

"그러나 그런 상태는 오래 가지 못하고 실패를 통해 그는 현명해진다. 곧 대담함은 사라지고 안전에 더 신경을 쓰며 직접적으로 손에 들어오는 이득에 집착하게 된다. 대다수의 사람들은 그런 식으로 플레이 한다. 여기저기서 우리는 불쾌한 경험에 쉽게 겁먹지 않는 플레이어를 발견한다. 그는 여전히 다양한 계획이 있지만 혼자 게임을 하는 게 아니라는 점을 명심하고 있다. 따라서 그는 조심스러우며 이미 만들어진 도로를 기껏해야 개선하는 차원에서 사랑하게 된다. 그런 식으로 마스터는 플레이 한다."

"차루섹은 그렇지 않았다. 그는 자신의 아이디어를 실행해야 했다. 그는 상대를 알지 못했고 오직 자신의 목표만 알고 있었다. 그는 벽에 머리를 부딪히면 벽의 약점을 찾아 바로 뚫고 들어갔다. 항상 앞만 보고 나아가는 그의 해법은 우리에게는 무척 단순해 보인다. 하지만 그 누구도 이 단순함에 있어 그를 모방할 수 없었다."

내가 방금 그린 그림이 진짜 차루섹의 모습인가? 아니다. 내 눈앞에 떠오르는 체스 마스터의 이상적 모습, 즉 실제 차루섹이 가까웠을 법한 이상일 뿐이다.

유럽적인 사상가와 선비 들의 강점이자 약점이란 항상 불가능한 것을 추구한다는 것이다. 미국인은 꾸준히 설명 가능한 쪽으로 향한다. 미국의 위대한 체스 마스터들(모피, 조지 헨리 맥켄지George Henry Mackenzie, 필스베리)은 첫 등장에서부터 성공하여 세계를 놀라게 했다. 모피는 체스에서 일찍 은퇴했다. 맥켄지와 필스베리는 장기적으로는 세계 챔피언 슈타이니츠와 라스커의 더 큰 깊이를 인정할 수밖에 없었다. 유럽인의 개념은 의심할 여지없이 과거가, 미국인의 개념은 현재와 미래가 속할 것이다.

필스베리는 진정한 미국인이었다. 그의 플레이에는 깊이 있는 사색이 없고 계획이 단순하며, 놀라울 정도로 굵직한 라인들을 보여 줘서 그를 실행하는 에너지를 통해 구경꾼에게 신선한 인상을 준다. 필스베리는 슈타이니츠의 제자였지만, 슈타이니츠의 끈질긴 추구와 집요함은 필스베리의 성격과 거리가 멀었다. 그는 슈타이니츠 이론에서의 철저한 실용적 결과물들을 실제적으로 채택함으로써 슈타이니츠 이론으로 기술의 토대를 형성했다.

필스베리는 적대적인 포지션에서 약점을 이용하기 위해 자신을 세팅할 때 가장 훌륭하다. 작은 이점을 쌓는 데 만족하지 않고 상대 포지션의 뿌리와 가지를 파괴할 정확한 방법을 항상 찾아내는 그의 플레이는 굵직한 라인들에서 진가를 발휘한다. 그의 게임은 평범한 수준을 뛰어넘었기에 그를 위대한 마스터의 반열에 올려놓았다.

18. 블랙번-차루섹

백: 블랙번　　　　　**흑: 차루섹**

1897년 베를린

퀸스 폰 오프닝Queen's Pawn Opening

1	d4	d5
2	Nf3	e6
3	Bf4	Bd6

만약 백이 루빈슈타인처럼 **4 e3**를 두지 않기로 선택하면 교환이나 비숍의 철수로 인해 여기에 구속되어 시간을 잃게 된다. 흑은 먼저 e파일 폰을 이동하는 데 성공한다.

4	Bxd6	Qxd6
5	Nbd2	Nf6
6	c3	Nbd7
7	Qc2	e5
8	e3	0-0
9	dxe5	

이 백의 교환은 언젠가 일어날 수도 있는 **...e4**에 대한 강제적인 고려를 하지 않기 위해서다.

9	...	Nxe5
10	Be2	

이제 백의 난이도가 증가한다. **c4** 또는 **e4**로 자유로운 게임을 할 수 있는 가능성을 포기하고 **10 Nxe5 Qxe5 11 Nf3**로 상황을 단순화하는 게 더 나았을 것이다.

10	...	Bg4
11	h3	Bh5
12	Nxe5	

백은 답답해졌으며 **...Bg6**로 위협받는다.

12	...	Bxe2
13	N5f3	Qa6
14	Nb3	Bd3
15	Qd1	b6
16	Nc1	Bc4!!

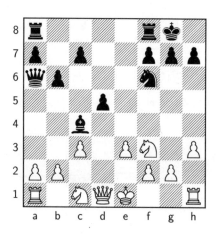

매우 훌륭하다! 만약 **16...Bg6**면 **17 Qe2**로 응수된다.

	17	Ne5

17 b3면 **17...Qa5 18 Qd2 Ba6**가 온다.

	17	...	Rad8
	18	Qc2	Qb7
	19	Ne2	Rfe8
	20	Nxc4	dxc4
	21	0-0	Qe4

퀸들이 교환된 후 흑의 우위는 분명해진다.

	22	Qxe4	Nxe4

23	Rfd1	g5

차루섹은 백 나이트를 제한하고자 한다. 하지만 **23...c5**가 더 나았고 그러면 **24 Nf4 Nd2**로 백은 완전히 무력화된다.

24	Nd4	Rd5
25	Nf3	Rd3

차루섹은 **26 Rd4** 때문에 **25...Red8**로는 아무것도 얻지 못하리라는 점을 **23...g5**를 뒀을 때 간과한 게 분명하다.

26	Ne1	R3d8
27	Nf3	c5
28	Kf1	b5
29	a3	a5
30	Ke2	b4
31	axb4	axb4
32	Rxd8	Rxd8
33	cxb4	c3

흑으로선 **33...c3**가 **33...cxb4 34 Nd4!**보다 낫다. 그러나 놀랍도록 훌륭한 플레이에도 불구하고 흑은 23수에서 실수를 저지른 후부터는 더 이상 아름답게 계획된 게임에서 이길 수 없다.

34	bxc3	Nxc3+
35	Ke1	cxb4
36	Nd4	Rb8
37	Nb3	Kg7
38	Ra6	h5

차루섹은 백 킹사이드를 공격 대상으로 삼기 시작한다.

39	g3	Rc8
40	Nd4	Rc5
41	Ra7	Kg6
42	Rb7	Ra5
43	Rxb4	Ra1+
44	Kd2	Ne4+
45	Ke2	Ra2+
46	Kf3	Nxf2

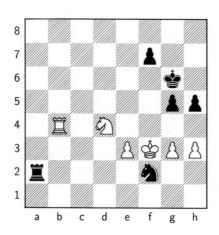

백은 이제 **48...g4+ 49 Kf4 Nh1** 때문에 **47 Rb6+ f6 48 h4**를 함부로 두지 못한다. 차루섹이 또 이점을 얻은 것처럼 보이지만 여기서 블랙번 또한 매우 명확한 관점의 기술을 보여 준다.

47	Rb6+	f6
48	g4!!	h4
49	Rb7	Nxh3
50	Ne6	

이 **50 Ne6**가 요점이다. **50 Nf5**는 **50...Ng1+ 51 Ke4 Ra4+** 때문에 잘못됐을 것이다. 텍스트 무브는 **51 Nf8+**와 **52 Rh7#**를 위협한다.

50	...	Ng1+
51	Ke4	Ra4+
52	Kd3	Ra8

52...Rxg4 이후에는 **53 Nf8+**로 문제적 유형의 메이트가 2수 뒤에 이어진다.

53	Rg7+	Kh6
54	Rf7	Rg8
55	Rxf6+	Rg6
56	Rf1	**무승부**

19. 필스베리-타라시

우리 모두는 임박한 위험을 목격하는 미국 영화의 드라마를 알고 있다. 숨막히는 긴장감 속에서 관객은 구원을 가져올 어떤 행동이나 사건을 찾지만, 그러기에는 너무 늦은 듯하다. 그러다 마지막 순간에야, 그리고 촉박하게 상황은 구원받는다. 이러한 흥미진진한 드라마가 다음 게임에서 제공된다. 백의 28수 이후 다음 다이어그램 포지션에 도달했다.

백: 필스베리　　　　**흑: 타라시**

1895년 헤이스팅스

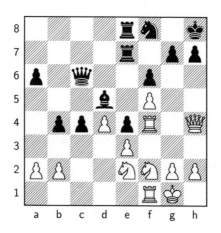

타라시 차례다.

28　　…　　　　　　Qa4

이는 결정적인 수로 보인다. **29 Nc1 Qc2** 이후로 흑은 백의 퀸사이드를 차지할 것이다. 하지만 필스베리는 다음 수로 상대를 완전히 점령했다.

29   Ng4!

백은 f6에서 나이트를 희생시키겠다고 위협한다. 따라서 흑은 다음과 같이 응수한다.

29   ...   Nd7

다음과 같이 진행된다.

30   R4f2!

흑은 여전히 a2의 백 폰을 함부로 잡을 수 없는데, 그러면 필스베리가 **31 Nf4 Bf7 32 Ng6+ Bxg6 33 fxg6 Nf8(33...h6? 34 Nxh6 gxh6 35 Qxh6 Kg8 36 Rf4) 34 Nxf6 gxf6 35 Rxf6 Kg8 36 Rf7**으로 이기기 때문이다. 이 위협을 막기 위해 흑은 다음과 같이 뒀다.

30   ...   Kg8

그리고 이를 통해 필스베리는 시간을 벌었다.

31	Nc1	

백은 일단 최악의 상황을 막기 위해 흑의 **...Qc2**를 막았다. 하지만 장기적으로는 무슨 소용이 있을까? 이제 흑의 차례다.

31	...	c3

그래서 다음과 같이 이어진다.

32	b3	Qc6

32...Qc6는 **...a6-a5-a4xb3**로 이어서 백의 **a2xb3** 이후에는 **...Ra8, ...Ra3**를 두려는 의도다. 즉 흑 폰이 쉽게 이길 수 있는 퀸사이드에서 백의 자산을 빼앗기 위해서다. 백은 방어적인 태도를 취해야 할까? 그렇게 했다면 나중에 불리한 상황에 처했을 것이다.

33	h3	

필스베리는 항상 스스로를 통제하며 정확한 시간을 계산하고 침착하게 반격을 준비하곤 했다.

33	...	a5
34	Nh2	

34 Nh2는 보는 이에게는 고통스러울 정도로 느려 보인다.

34	...	a4
35	g4	axb3
36	axb3	Ra8
37	g5	Ra3
38	Ng4	Bxb3

이제 백이 졌다고 생각할 수 있다. 하지만 마지막 순간에 흑을 전멸시키는 재앙이 찾아온다.

39	Rg2

이는 **40 gxf6**뿐만 아니라 후에 **Nxf6+**를 두겠다고 위협한다.

39	...	Kh8
40	gxf6	gxf6

여기서 만약 흑이 나이트로 폰을 잡으면 **41 Ne5**가 그 문제를 해결한다.

41	Nxb3	Rxb3
42	Nh6	Rg7

42 Rg7은 흑이 둘 수 있는 유일한 수다.

43	Rxg7	Kxg7
44	Qg3+	Kxh6
45	Kh1!!	

데우스 엑스 마키나deus ex machina. 흑은 매우 큰 희생을 치러야 **46 Rg1**에 의해 코앞에 임박하는 메이트를 피할 수 있다.

45	...	Qd5
46	Rg1	Qxf5
47	Qh4+	Qh5
48	Qf4+	Qg5
49	Rxg5	fxg5
50	Qd6+	Kh5
51	Qxd7 그리고 승리	

20. 카를 슐레히터

　오래된 예술의 도시 빈은 언제나 인정받지 못했거나 너무 늦게 인정받은 사람들의 도시였다. 이는 빈과 빈 예술을 구성하는 모든 것의 정신에 뿌리내려져 있다. 그 예술이 웅장한 페이소스와 비극적 제스처를 원하기 때문이다. 그것은 노골적이지 않으며 오히려 숨겨져 있다. 그래서 스스로를 강요하는 게 아니라 오히려 접근해야 하고 찾아야 한다. 빈은 오래된 체스 전통을 갖고 있다. 체스야말로 삶이 거부한 성공을 추구하는 인정받지 못한 사람들의 게임이기 때문이다.

　슈타이니츠는 빈의 체스 학파에서 튀어나왔지만 세계 챔피언이 되기 위해 해외로 가면서 자신 안에 있는 빈적인 요소를 버렸다. 체스계에서 빈 사람의 가장 유명한 대표자는 슐레히터(1874~1918)였다. 그는 세계 챔피언 라스커와 대등한 실력을 보여줬지만, 너무 빈 사람이라 챔피언 타이틀을 차지하기는 어려웠다.

　대부분의 사람들은 체스 마스터라고 하면 카페나 클럽에서 담배를 피우며 노는 분위기 속에서 인생을 보내는 동네 사람, 신경과 두뇌가 계속 긴장 상태로 작동하는 신경쇠약증 환자, 체스에 온 영혼을 바친 단순한 사람이라고 상상한다. 슐레히터는 그러한 개념과 정반대인 사람이었다. 그는 자신의 직업이 허락하는 한 클럽과 카페를 멀리했다. 그는 예술과 과학으로 여가를 채우는 전원 생활을 선호했다. 그의 마음과 영혼은 모두 자연으로 향했고, 그의 게임에 특별한 매력을 부여하는 것 또한 자연에 대한 애정의 반영이다. 그의 게임은 숲에서 나무 줄기와 가지가 열린 공간만 있으면 사방으로 뻗어나가는 것과 같은 광범위한 계획을 통해 돋보인다. 슐레히터는 자연 그대로의 모습처럼 강제적으로, 그리고 목적 없이 자신의 세력을 전개시켰다. 숨겨진 장소와 함정은 없고 오직 건전한 전개만 있었다. 지나치게 서두르지 않았고, 하나의 아이디어에 자신을 고정시키지 않았으며, 조화로운 진화를 추구했다. 실로 슐레히터의 콤비네이션은 그 아름다움으로 모든 사람을 놀라게 하는데, 그것은 진정한 자연 애호가에게 이내 과잉의 맛을 느끼게 하는 인공적으로 키운 장미가 아니다. 아니, 그것들은 오히려 겸손하게 숨겨진 숲의 꽃이며 모을수록 애정이 커지는 꽃이다. 따라서 자연의 광대함과 단순함, 빈 예술과 음악의 경쾌함이 나란히 반영되는 슐레히터의 게임에서는 자기 자신이 사라지게 된다.

우리가 옛 마스터들의 노골적인 콤비네이션과 새로운 마스터들의 지나치게 미묘한 포지션 계획에 지치면, 자연의 위엄-단순미와 함께 빈 음악의 우아함-경쾌함이 종종 반영되는 슐레히터식 게임에의 몰입을 여전히 즐기지 않을 수 없을 것이다.

21. 슐레히터-존

슐레히터의 기술은 이야기 작가나 서사시 작곡가들의 예술과 비교되어야 한다. 그는 예를 들어 미제스처럼 독창적인 포인트를 만들려고 서두르지 않았으며, 타라시처럼 때때로 심오한 형세를 만들기 위해 커다란 장식을 사용하려고 하지 않았다. 슐레히터는 게임과 보드의 모든 부분을 동등한 관심과 호감으로 대했다.

다음 게임은 그의 플레이 스타일 덕분에 그의 게임에서 발견할 수 있는 광범위한 디자인으로 이뤄진 매우 아름답지만 거의 알려지지 않은 예 중 하나다.

백: 슐레히터　　　　　**흑: 존John**

1905년 바르멘

스톤월 디펜스Stonewall Defence

1	d4	d5
2	c4	e6
3	Nc3	f5
4	Nf3	c6

스톤월 디펜스의 약점은 퀸스 비숍을 차단하는 데 있다. 지금 우리 앞에 놓인 게임에서 흑의 게임은 그 약점 때문에 결국 망가

진다.

5	Bf4	Bd6
6	e3!!	Nf6
7	Bd3	Qc7
8	g3!	

백의 오프닝 처리 방식은 e파일에 압력을 가하는 **8...Bxf4 9 exf4** 이후를 상정하고 있으며 필스베리로부터 탄생하였다.

8	...	0-0
9	0-0	Ne4
10	Qb3	Kh8
11	Rac1	Bxf4

흑은 인내심을 잃고 백에게 자신의 e파일을 연다. 그렇지 않으면 그는 **12 cxd5 exd5 13 Nb5**에 직면하게 된다.

12	exf4	Qf7
13	Ne5	Qe7
14	Bxe4!	

이제 슐레히터는 겉보기에는 e파일을 차단하는 듯하다. 사실 그는 유리한 방식으로 다음 수에서 그것을 다시 연다.

14	...	fxe4
15	f3	exf3
16	Rce1!	Qc7

백은 **17 cxd5**와 **18 Nxd5**를 위협했다.

17	Qa3	Kg8

만약 흑이 **17...Nd7**을 뒀으면 백은 **18 Qe7**으로 그를 손상시킨다.

18	Rxf3	Na6
19	b3!	Qd8
20	c5	Nc7
21	Qb2	Bd7
22	Qc2	Qe7
23	R1f1	Rae8
24	g4	Bc8
25	Rh3!	

백이 흑의 포지션에 약점을 강요한다.

25	...	g6
26	b4	

백이 갑자기 퀸사이드에 대한 공격을 시작하는 것은 놀라운 일이다. 그러나 그것은 이 장의 시작 부분에서 언급한 슐레히터식 게임의 서사시다. 그는 보드의 다른 부분에서 겉으로 보기에는 일치하지 않는 작업을 수행하므로 명확한 사전 계획이 없는 게임을 진행하는 인상을 준다. 그리고 마지막에 이르러서야 처음으로 끊어진 듯 보이던 것들 간의 연결이 인지되고 그 결과 게임은 하나의 큰 동질적 총합으로 매듭지어진다.

26	...	Qf6
27	R3f3	Re7
28	a4	a6
29	Nd1!!	

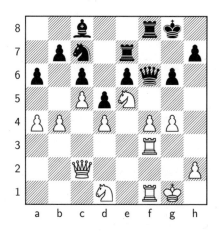

25수에서 백은 흑 포지션에서 f6와 h6 칸의 약화를 강요했다. 이제 백 나이트는 그 지점들 중 하나, 즉 h6로 이동한다.

29	...	Rg7
30	Ne3	Qe7
31	g5	Bd7
32	N3g4!	Be8
33	Nh6+	Kh8
34	Qe2	

흑은 킹사이드에 세 곳의 약점을 갖고 있다. 그중 두 곳(e5와 h6)에서 백은 확고히 자리잡고 있다. 세 번째 약점(f6)을 이용하기 위해 백은 나이트 대신 자신의 퀸을 e5에 놓고, 해방된 나이트를 f6로 가져가려고 한다.

34	...	Qd8
35	Neg4	Bd7
36	Qe5	Ne8
37	Rh3	Qc7

만약 **37...Qe7**이었으면 **38 Qb8**로 백이 이긴다.

38	Nf6!	

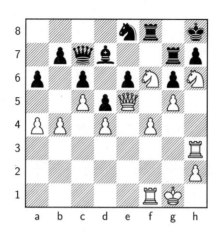

38	...	Qxe5

만약 38...Qd8면 39 Nxh7!, 38...Bc8면 39 Nxe8 Qxe5 40 fxe5 Rxe8 41 Rhf3.

39	fxe5	Re7
40	Rhf3	Nxf6
41	Rxf6	Rxf6
42	exf6	Re8
43	Nf7+	Kg8
44	Ne5	Rd8
45	Kg2	Kf8
46	h4	Be8

이제 우리는 백이 공격을 통해 해결책에 도달했음을 알 수 있

으며, 그 후 흑은 자신의 폰 체인chain of pawns*에 의해 비숍이 차단되는 선천적이고 영구적으로 불리한 포지션으로 패배하게 된다.

47	Kf3	Bf7
48	Kf4	Ke8
49	Rb1	

잠시 중단되었던 퀸사이드에서의 공격이 이제 재개되어 빠르게 종결로 향한다.

| 49 | ... | Kf8 |
| 50 | b5 | 기권 |

만약 50...axb5면 51 axb5 Be8 52 bxc6 Bxc6 53 Nxc6 bxc6 54 Ke5 등등이 이어진다.

* 대각선으로 연결된 폰들을 이른다.

04 체스 기술의 완성

코트를 입고 체스를 두는 사람 ⓒPavel Danilyuk

22. 공세와 압박

세기가 바뀔 때 체스는 침체 상태에 빠진 것처럼 보였다. 라스커는 1899년 런던 토너먼트와 1900년 파리 토너먼트에서 큰 성공을 거둔 후, 논란의 여지가 없는 세계 챔피언이 되었고 몇 년 동안 경기장에서 영예롭게 자리를 뜰 수 있었다. 전 세계 챔피언 슈타이니츠와 젊은 차루섹은 세상을 떠났고, 필스베리는 몇 년 후에 그들을 따를 것이 확실했다. 젊고 일류인 인재들이 전선에 나오기까지 오랜 시간이 걸렸기 때문에, 1등 상을 받는 것은 언제나 같은 마스터들이었다. 타라시와 슐레히터, 방어의 달인 마로치, 그리고 풍부한 아이디어를 소유하고 있었지만 그럼에도 불구하고 앞서 언급한 세 명의 마스터와 비교할 수는 없는 공격의 달인들인 다비드 야노프스키Dawid Markelowicz Janowski와 프랭크 마셜Frank James Marshall. 그 시대의 거의 모든 마스터들은 슈타이니츠-타라시 이론의 영향을 많이 받았기에 그들의 개인적 성격은 완전히 배경에 머물게끔 강요되었고, 그 결과 그 시대의 게임에서는 그 기간 자체가 선수들 개개인보다 더 분명하게 인식된다. 이러한 침체는 최상위 마스터들과, 싸우지 않는 그들에 의해 발생한 무승부 사이의 매우 많은 속기 게임들에서 가장 뚜렷하게 나타났다.

1906년 오스텐더Ostend 토너먼트에서 특권을 가진 위대한 마스터들의 반열에 오르는 첫 진입이 이뤄졌다. 1등은 당연히 슐레히터에게 돌아갔고, 2등은 마로치에게 돌아갔다. 그리고 그 다음 수상자는 젊은 루빈스타인이었는데, 그는 처음으로 국제 토너먼트에 참가했다. 하지만 그것은 같은 해의 핵심적 특징으로써, 그 후 몇 년 동안 루돌프 슈필만Rudolf Spielmann, 아론 님초비치Aron Nimzowitsch, 사비엘리 타르타코베르Savielly Tartakower, 올드리치 듀라스Oldřich Duras, 밀란 비드마르 Milan Vidmar, 어린 율리우스 페를리스Julius Perlis 같은 꽤 많은 젊은 마스터들이 지난 몇 년 동안 거의 볼 수 없었던 활기찬 공세에 대한 열망으로 가득 찬 게임을 했고, 계속해서 성공했다.

대세에 반하는 투쟁은 공세와 압박의 젊은이들, 특히 그들의 오프닝 선택에 의해 강조되었다. 지금까지는 에스파냐적인 오프닝(루이 로페즈)과 퀸스 갬빗이라는 두 개의 오프닝만이 유행했다. 당시 페를리스, 슈필만, 타르타코베르는 비엔나 게임 Vienna Game이나 킹스 갬빗 같은 공격적인 게임을 선호했다. 방어에 있어서, 그들은 당시 호감을 얻었으며 특히 타라시와 같은 위대한 투자의 마스터들에게 큰 승리의 기회를 제공하곤 했던 폐쇄적 포지션을 어떻게든 피했다.

예를 들어 슈필만은 루이 로페즈에 대하여 갬빗식 수비를, 님초비치는 핸남Hanham 수비*를 선호했다. 특히 미래를 위한 오래된 장벽의 파괴는 님초비치와 타르타코베르가 선호하는 수비, 즉 퀸스 폰 오프닝에서 모더니즘 선수들이 선호하는 방어법이기

---

* 미국의 체스 마스터 제임스 무어 핸남James Moore Hanham의 이름을 따서 만들어진 필리도르 디펜스의 변형. 1 e4 e5 2 Nf3 d6 3 d4 Nf6 4 Nc3 Nbd7 5 Bc4 Be7 6 0-0 0-0 7 a4.

도 한 치고린 디펜스(**1 d4 Nf6**)* 라는 이름으로 알려진 것이 되었다.

그러나 당시의 이 방어법은 기존에 알려진 이론적 경로에서 멀리 떨어져 있지만 거의 알려지지 않은 영역에 도달하는 것을 목표로 하는 실험으로 간주된 반면, 오늘날 이 방어법의 지지자들은 자신들의 이론에 근거하여 **1...e5**가 상당히 적절하지 않다는 확신으로 이 방어법을 구사한다는 점에서 차이가 있다.

....

* 오늘날 이 행마는 알레킨 디펜스로 더 알려져 있으며 치고린 디펜스는 1 d4 d5 2 c4 Nc6로 알려져 있다.

23. 아키바 루빈스타인

루빈스타인(1880~1961)은 공세와 압박을 가진 사람들 사이에서 유명해졌다. 하지만 그는 그들 중 한 명은 아니었다. 그의 스타일로 판단하자면 그는 에피고누스Epigonus*로 간주될 수 있다. 그는 자신의 시대의 스타일, 즉 과학적 체스 스타일을 채택했고, 그것을 예술적 완성의 최고 단계로 이끌었다. 우치Lodz에서 온 체스 애호가는 그의 특출난 유년기에 대한 다음 이야기를 나에게 들려줬다.

루빈스타인은 어린 탈무드 학생으로 우치에 갔다. 그는 어느 날 헨릭 살웨Henryk Jerzy Salwe가 논쟁의 여지가 없는 마스터로 있던 체스 카페에 나타났다. 루빈스타인은 룩 핸디캡 조건을 수용하는 공격적이지 않은 선수들 중에서 상대를 선택했고, 그는 그들 가운데서 가장 약한 선수 중 한 명이었다. 오랫동안 그는 그 카페의 단골 손님이었고, 그 기간 동안 체스를 두는 습관이 있었고, 눈에 띄는 진전을 보이지 않으면서도 게임에 대해서는 큰 열정을 보였다. 그러나 그의 방문이 중단된 때가 있었다. 그는 몇 주 동안 자리를 비웠다. 하지만 그가 카페로 돌아온 날 그는 곧장 살웨에게 가서 게임을 하자고 제안했다. 예상치 못한 일이 일어났다. 루빈스타인은 승리를 거두었고 그날부터 우치의 더 강한 선수인 살웨 옆에 서게 됐다.

우리는 루빈스타인에게서 소유자의 노력 없이 스스로 펼쳐지

* 기원전 3세기 후반의 그리스 페르가몬 왕조 궁정 조각가.

고 표면화되는 행운으로서의 재능이 아닌 사례를 볼 수 있다. 우리는 그에게서 지적인 레슬링 선수를 볼 수 있다. 그는 홀로 자신의 업에 깊이 몰두하여 고난을 극복한다.

루빈스타인은 자기가 정한 임무만을 사랑하는 유형의 사람으로, 진정한 금욕주의자다. 체스 실력에 해로운 영향을 미칠 수도 있는 작은 즐거움을 스스로 거부하는 사람이다. 그는 단순히 적합하거나 만족스러운 수를 발견했다고 해서 결코 만족하지 않는다. 그는 자신이 파악한 포지션에 만족하거나 일치하는 유일한 수를 찾을 때까지 계속해서 두뇌를 혹사시킨다. 그것은 정신적으로 과도하게 노력하는 순간들이 개입될 수밖에 없음을 증명한다. 그런 이유에서 루빈스타인만큼 종종 절대적으로 이해할 수 없고 큰 실수를 하는 마스터는 아마도 지금 살아있는 마스터 중에는 없을 것이다. 반면에 그는 체스 선수들 중에서 가장 위대한 예술가다. 슐레히터의 모든 아름다운 게임에서는 즐거운 춤에 버금가는 장난스러운 기쁨이 발견되고, 라스커의 극적인 투쟁은 보는 사람을 사로잡는 반면 루빈스타인은 모든 것이 세련된 평온이다. 그가 게임을 구축하는 데 있어 모든 기물에 부여하는 포지션은 필요한 포지션이기 때문이다. 그에게 중요한 것은 싸우는 게 아니라 승리를 향해 나아가는 것이기에, 그의 게임은 감히 돌 하나도 옮길 수 없는 위대한 구조물 같은 인상을 준다.

루빈스타인은 또한 과학적 체스 기술, 특히 닫힌 포지션에서 기물을 전개하는 자신의 방법에 대하여 결정적인 말을 남겼다. 우리는 열린 포지션에 관한 모피의 원칙, 즉 불필요한 시간 손실의 금지와 가능한 한 빠르게 더 전개시키기 위한 각각의 수들에 대해 알고 있다. 우리는 또한 닫힌 포지션에서는 그것이 **시간**의 문제라기보다는 특정한 영구적인 포지션적 **랜드마크**landmark 의 문제임을 보았다. 그러나 우리는 잘 알려진 영구적인 포지션 적 이점을 얻을 때까지 어떻게 닫힌 포지션에서 기물들을 전개 해야 하는지에 대한 일반적인 원칙이 없었다. 루빈스타인은 이 론에 관한 글이 아니라 실행과 오프닝에서의 수많은 참신성으로 그 간극을 채웠다. 그는 이전처럼 즉각적인 효과를 발휘하는 열 린 라인을 갖기 위해 닫힌 포지션의 기물들을 전개하는 것이 아 니라, 닫힌 포지션의 해체와 함께 일어날 수 있는 돌파 상황에서 궁극적인 효과를 발휘할 수 있도록 기물들을 전개했다.

특히 프렌치 디펜스에서 자주 발생하는 변형을 살펴보자.

1	e4	e6
2	d4	d5
3	Nc3	Nf6
4	Bg5	Be7
5	e5	Nfd7
6	Bxe7	Qxe7
7	f4	0-0

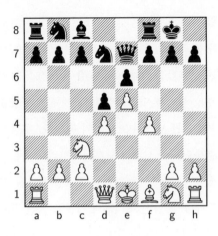

킹스 비숍은 이 지점에서 일반적으로는 가장 효과적인 칸인 d3로 전개된다. 그러나 루빈스타인은 **g3**와 **Bg2**에 의한 전개 시스템을 도입한다.

d5의 잘 보호된 흑 폰을 고수시키는 **g3** 이후의 비숍의 전개는 거의 목적이 없어 보인다. 그러나 이 포지션은 흑의 지형이 거의 없는 닫힌 포지션이다. 흑이 돌파할 수 있는 유일한 가능성은 **...e5**를 두기 위해 **...c5**를 사용하는 것이다. d4 칸에서 백 폰을 제거한 후와 **...f6** 이후, **exf6 gxf6**. 분명히 이 돌파 후에는 백 비숍은 d3보다 g2에 더 효과적으로 배치될 것이다.

위에서 설명한 원리들을 적용하면 체스가 매우 간단해지겠다는 생각이 들 것이다. 우리는 이제 열린 포지션을 조종하기 위한 모피의 원칙과 닫힌 포지션을 처리하기 위한 루빈스타인의 원칙을 갖고 있다. 그러나 가장 큰 난제는 실제로 하는 체스에서는 완전하게 열린 포지션이나 닫힌 포지션이 발생하지 않으며, 열린 요소와 닫힌 요소가 섞인 포지션을 갖게 된다는 사실에 있다.

우리는 이제 나중에 자세히 설명하기 위해 앞서 제안한 것, 즉 모든 원칙이 단순한 유형에 해당된다는 것을 이제 인지할 수 있다. 왜냐하면 실제로는 그런 순수한 형태가 거의 발생하지 않기 때문이다. 원칙이란 종종 각각의 적용에서 서로 충돌하는 식으로 드러나기 때문에 여러 원칙을 따라서 복잡한 포지션을 다루기란 불가능하다.

24. 루빈스타인-라스커

종종 나오는 루빈스타인을 겨냥한 비판은 그가 오프닝을 한 가지(퀸스 갬빗)로만 둔다는 것이다. 어떤 작가는 위대한 예술가는 결코 일면적이어서는 안 된다고 말하며 이 점에 대해 비난하기도 한다. 하지만 루빈스타인은 모든 것을 할 수 있는 사람이 아니다. 그는 비루투오조가 아니라 예술의 사제라고 할 수 있다. 한 명의 선교사가 어떤 때는 이런 종교를 가르치고 어떤 때는 저런 종교를 가르칠 수 있는가? 대중을 기쁘게 하거나 자신의 허영심을 위해 할 수 있는 일이 거의 없었던 루빈스타인이 신념이 이끄는 것 외에는 결코 둘 수 없었던 것처럼 말이다.

위대한 예술가는 항상 겸손하고 추앙한다. 그는 예술의 주인이 아니라 오히려 예술의 종이기 때문이다.

백: 루빈스타인　　　　**흑: 라스커**

1909년 상트페테르부르크

퀸스 갬빗 거절

1	d4	d5
2	Nf3	Nf6
3	c4	

퀸스 갬빗의 아이디어는 c파일에 압력을 가하는 것이다. 만약

흑이 이러한 압력을 조만간 피하기 위해 ...c5를 둔다면 백은 중앙에서 폰을 교환하여 d5의 폰을 고립시키고 공격한다.

3	...	e6
4	Nc3	Be7
5	Bg5	c5
6	cxd5	

앞의 설명 참조.

6	...	exd5
7	e3	Nc6
8	Bb5	cxd4
9	Nxd4	Bd7

라스커는 무無에서부터 상황과 복잡성을 창조하고 지속적으로 긴장감을 불러일으키는 방법을 이해하는 체스보드의 극작가다. 그는 게임의 이 단계에서 포지션이 요구하는 것, 즉 d5의 허약한 폰의 보호가 초래할 것을 추구하지 않으며 자신의 생각을 따라 궁극적인 결과를 만들어낼 것이다.

루빈스타인은 이제 d5 폰을 잡을 수 있음을 알지만, 그러기 위해서는 저항할 수 없는 공격을 받아야 한다. 흑이 받게 될 이 공격은 너무 위험해 보여서 대담하기로 유명한 선수들도 선뜻 폰을 가져가지 못했을 것이다. 루빈스타인은 대담하지 않고 근심하는 편이며, 종종 지나치게 근심한다. 종종 불리한 상대가 다른 전환을 만들려는 의도로 무언가를 희생했을 때, 루빈스타인은 그 희생을 필사적으로 수용하지 않으면서 원래의 포지션 아이디어로 게임을 진행하여 더 늦어져도 확실한 승리를 거두길 선호했다.

그러나 우리 앞에 놓인 게임에서 (3수에 대한 설명 참고) d5에 있는 흑 폰에 대한 공격은 그의 계획의 근간이 되는 포지션적 아이디어다. 만약 그가 폰을 잡지 않는다면 그는 자신의 생각을 신뢰하고 그 지시에 순종하는 겸손하고 복종적인 플레이어가 될 수 없다. 그래서 결국 그는 두려움과 떨림을 느끼며, 옳은 것이 반드시 승리한다는 자신감과 확신으로 흑 폰을 잡는다.

10	Bxf6	Bxf6
11	Nxd5	Bxd4
12	exd4	Qg5
13	Bxc6	

분명 이 교환은 강제되었다.

| 13 | ... | Bxc6 |

라스커가 퀸스 갬빗을 수비하는 몇 수 만에 달성한 이 개방적이고 아름다운 포지션은 그의 천재적인 포지션 감각을 보여주는 훌륭한 예다.

14	Ne3

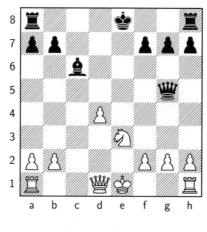

14	...	0-0-0

라스커가 긴장감을 더한다. **14...Bxg2**면 그는 이러한 긴장을 백에게 유리하게끔 풀게 될 것이다. 그러면 **15 Rg1 Qa5+ 16 Qd2 Qxd2+ 17 Kxd2 Be4**(**18 Rxg7** 이후 **18...Bg6**을 둘 수 있도록) **18 Rac1**으로 백은 흑의 게임으로 침입할 것이다.

15	0-0	Rhe8

이제 백이 **16...Rxe3**의 위협에 맞서려면 흑의 공격을 압도적으로 만들 **16 g3**를 두어야 하는 것처럼 보인다. 여전히 루빈스타인은 자신의 패배를 믿지 않는다. 그는 자신의 생각을 믿었고 그에 따라 뒀다. 이 신념으로 고취된 그는 자신의 구원, 즉 한 번도 흔들리지 않은 신념을 가진 진정한 신자를 구해 낼 **기적**을 찾

는다.

| 16 | Rc1! | Rxe3 |

16...Kb8면 **17 Rc5 Qg6 18 d5**로 흑의 공격이 무산되고 백은
좋은 포지션으로 폰을 유지한다.

| 17 | Rxc6+ | bxc6 |
| 18 | Qc1!! | |

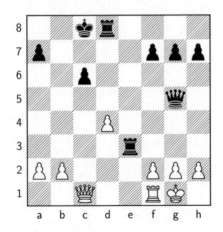

이것이 **기적**이다. 이제 흑이 어떤 수를 두든, 백은 획득한 폰
을 계산에 넣어서 엔드게임에서 승리한다.

25. 오래된 질문

체스란 무엇인가? 가장 진지한 사람들이 평생을 바쳐 왔고 방대한 양의 문헌이 쓰여진 게임이다. 문제는 체스를 게임이라고 불러야 할지, 아니면 과학이라고 불러야 할지다. 체스의 역사를 추적해 보면 체스가 주로 문화적인 주도권을 가진 국가에서 유행했음을 알 수 있다. 쇠퇴하는 중세 시대에는 당시 세계 최고의 문화적 리더였던 아랍인들이 유럽에 체스를 도입했다. 우리가 찾은 체스에 관한 가장 오래된 유럽 저자들은 1500년경에 물질적, 지적 발견의 시대를 주도했던 두 국가들인 에스파냐와 포르투갈에서 살았다. 이탈리아의 르네상스 시대에는 줄리오 폴레리오Giulio Cesare Polerio(1555년 경~1610년 경)와 조아키노 그레코Gioachino Greco(1600년 경~1634년 경)의 이름이 두드러진다. 18세기와 나폴레옹 시대에 프랑스는 정치와 취향 모두에서 유럽을 이끌었다. 나폴레옹 자신이 여가 시간을 체스에 바쳤던 이 시기는 필리도르와 라 부르도네Louis-Charles Mahé de La Bourdonnais가 활동한 시대였다.

19세기에 체스가 전반적으로 유행했던 국가는 영국과, 나중에는 독일, 러시아, 미국이었다. 세계대전 이후 체스와 체스 토너먼트의 부활은 과거 적대적이었던 국가들 간의 교류에 다리를 놓았고 과학이나 예술보다 더 빠르게 국제적인 화해에 기여했다.

만약 가장 높은 수준의 문화를 가진 사람들이 선호하는 게임의 가치에 대한 설명을 찾는다면, 아마도 다음과 같은 고려에서 찾을 수 있을 것이다. 체스는 격투 게임이며, 라스커는 이미 모든 인간은 카드 게임이나 보드 게임 같은 스포츠 성격의 격투 게임에 대한 본능적 욕구를 가지고 있다고 지적한 바 있다. 어떻게든 자신의 힘을 시험하고 승리를 추구하려는 욕구는 대부분 기계적인 틀에 갇혀 동등한 수준을 유지해야 하는 현대의 우리 존재에 대한 보상이 된다. 최고의 문화를 가진 사람들은 어떤 종류의 게임에도 만족하지 않는다. 장기적으로 봤을 때 신체 기술에 의존해야 하는 게임이나 우연에 의존해야 하는 게임 모두 만족스럽지 않은 것이다. 그러나 체스에서는 우연이 배제된 순수한 지적 싸움을 하게 된다. 체스에서의 승부는 지성의 격투 능력에 달려 있으며, 바로 그 점이 게임에 깊이를 부여한다.

우리는 행복할 때와 슬플 때 다르게 싸우며, 체스에서는 순간적인 기질뿐만 아니라 성격도 나타난다. 조심스럽고 옹졸하고 까다롭고 내성적이며 가변적인 기회주의자들은 쉽게 알아볼 수 있으며, 그들은 장기적으로 봤을 때 언제나 온갖 고난을 거쳐 본능적으로 올바른 길을 찾아내는 솔직한 상대와 맞서 왜곡된 성공을 거머쥘 수 없다. 위의 고려 사항들은 체스를 예술에 가깝게 만드는 표현 가능성에 대한 사례를 제공할 수 있다.

게임이 게임인 동시에 예술이 될 수 있는 걸까? 우리는 게임과 예술이 생각만큼 서로 다르지는 않다고 말함으로써 부분적으로 대답할 수 있다. 그 둘은 공통점이 많다. 물질주의적인 의미에서 둘 다 절대적으로 객관적이지 않으며, 더 나아가 게임의 플레이어는 예술가처럼 자신의 세계를 구축하여 일상적인 세계의 동일성으로부터 떠나 자신을 위해 세워진 왕국으로 날아간다. 마지막으로, 모든 예술은 한때 게임이었고 과거의 시간이었다. 선사시대 사람이 그린 벽화, 고대 그리스 양치기들의 노래 또는 그들의 가면을 쓴 희극은 예술로부터 그리 멀리 있지 않았다. 그러나 불운한 연인이 자신의 류트에 비애를 쏟아내기 시작하자, 예술의 새벽이 도래했다. 이제 예술의 본질이란 작품에 영혼을 담글 수 있는 예술가의 능력으로 구성된다.

100년 전 체스는 의심할 여지 없이 게임에 불과했지만, 예를 들어 루빈스타인의 게임에 스며든 깊은 헌신을 느낀 사람이라면 우리가 그곳에서 새롭게 계속 발전하는 예술을 발견했음을 알 수 있으리라.

26. 카파블랑카

우리는 최근 몇 년 동안 체스 기술 시대의 새로운 종류의 미학을 알게 되었다. 우리는 이제 장엄한 현대 기술 사업의 미학만 높이 평가하지 않는다. 예를 들어 증기 기관차, 연기가 자욱한 용광로, 그을음투성이인 노동자의 모습 등 이전에는 추하게만 보였던 것들에서도 매력을 발견할 수 있다. 오늘날 우리는 효율성과 실용성이라는 전지구적인 예술을 가지고 있다. 미국적인 기질(아메리카니즘Americanism)은 의심할 여지없이 예술의 영역에 성공적으로 침투하기 시작했다. 물론 그것은 우리가 빛을 느끼기보다는 빛에 경탄하는 종류의 매력이다. 우리는 항상 오래된 예술 작품 뒤에 있는 예술가의 존재를 쫓으며 창작자의 인간적인 얼굴을 알아볼 수 있었기 때문이다. 그러나 오늘날의 아름다움은 웅장하고 압도적이지만 개인주의의 죽음을 의미한다. 제1차 세계대전을 통해 옛 유럽은 정치적으로뿐만 아니라 문화적으로도 세계를 이끌 주도권을 잃었다. 아메리카니즘은 일시적일 수도, 영구적일 수도 있게 유럽으로 침투했다. 누가 알겠는가?

카파블랑카(1888~1942)는 현대의 정신을 게임에 녹여낸 체스 마스터다. 우리는 그의 게임에서 현대적인 기술이 만든 놀라운 작품과 동일한 웅장함, 동일한 효과와 강도, 동일한 정밀함을 볼 수 있다. 따라서 카파블랑카는 오늘날을 대표하는 마스터이며 그가 세계 챔피언이 된 것은 우연이 아니다.

1914년 초에 카파블랑카가 빈 체스 클럽의 손님이었을 때, 컨설테이션 게임consultation game[*]이 준비되었다. 대국은 다음과 같이 진행되었다.

백: H. 팬드리히Fähndrich&A. 카우프만Kaufmann

흑: 카파블랑카&레티

1914년 빈

프렌치 디펜스French Defence

1	e4	e6
2	d4	d5
3	Nc3	Nf6
4	exd5	exd5
5	Bd3	c5
6	dxc5	Bxc5
7	Bg5	Be6
8	Nf3	Nc6
9	0-0	0-0
10	Ne2	

10 Ne2는 이제 주도권을 획득한 흑에게 반박된다.

| 10 | ... | h6! |

---

[*] 여러 명의 선수가 토의 및 협의를 해서 수를 두는 게임 방식.

11	Bh4	Bg4

10...h6로 흑은 **12 Nf4**만 아니라 **12 Ng3**를 막았다. 두 경우 모두 **12...g5**가 뒤따르기 때문이다.

12	Nc3	Nd4
13	Be2	Nxe2+
14	Qxe2	

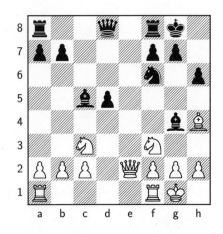

흑에게는 여기서 지금까지 전개하지 않은 수를 전개시킬 기회가 주어졌고, 실제로 공격할 수 있는 포지션에 도달했다. **14...Re8** 역시 그런 효과를 가져왔을 것이고, 내가 자랄 때 지배적이었던 원칙과 모피의 원칙(모피는 이 수를 고민 않고 선택했을 것이다)에 거의 전적으로 부합하는 수였다.

놀랍게도 카파블랑카는 그 수를 전혀 고려하지 않았고, 마침내 그는 다음과 같은 수법으로 백의 폰 포지션을 악화시켜 나중에 패배시키는 전술을 발견하였다.

14	...	Bd4
15	Qd3	Bxc3
16	Qxc3	Ne4!
17	Qd4	g5
18	Ne5	Bf5

이 게임을 계기로 오프닝에서의 모든 수는 서로 다른 기물을 전개해야 한다는 오래된 원칙의 지혜에 대한 나의 확신에 혁명이 시작됐다. 나는 카파블랑카의 게임을 연구하면서 그 시대의 모든 마스터들과는 달리 그가 한동안 그 원칙을 고수하지 않았다는 것을 알았다.

다음 오프닝은 그 점을 잘 보여 준다.

백: 카파블랑카   **흑: R. 블랑코Blanco**

1913년 아바나

프렌치 디펜스

1	e4	e6
2	d4	d5
3	Nc3	dxe4
4	Nxe4	Nd7
5	Nf3	Ngf6

6	Nxf6+	Nxf6

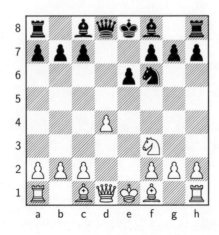

이 포지션에서 백은 하나의 기물, 즉 f3의 나이트만 전개했고 다른 기물들은 전개하지 않았다. 과거의 모든 마스터들은 이 유일하게 전개된 기물의 두 번째 수를 엉뚱하다고 비난하지 않았을까? 하지만 카파블랑카는 흑이 퀸스 비숍을 전개하기 어렵다는 것이 가장 큰 단점이었기 때문에 이를 극복하기 위해 **7 Ne5**를 두었다. 카파블랑카의 계획은 이 이점을 최대한 오래 유지하면서 흑의 **7...b6**를 막고, 그 후 **8 Bb5+**가 이어지게끔 유리하게 두는 것이었다.

카파블랑카의 대국을 면밀히 연구한 결과, 모든 기물을 가능한 한 빨리 전개하는 모피의 원칙을 적용하는 대신 포지션적 고려에 기반한 모종의 계획에 의해 플레이를 유도하였음을 알게 되었다. 이 방식에 따르면 그 계획에 따르지 않는 모든 수는 시간 손실에 해당된다. 그러나 우리는 카파블랑카의 오프닝이 이전 마스터들의 오프닝과 완전히 다르다는 생각으로 도피해서는 안 된다. 왜냐하면 분명 이 계획을 수행하려면 기물들을 전개해야 하기 때문이다. 그러나 차이점은 있으며 그러한 차이점을 만드는 특별하고 특이한 수들로 인해 카파블랑카의 오프닝 방법이 더 우수하다. 이와 관련하여 현대적 비평의 관점에서 16. **타라시-라스커** 게임의 계획을 다시 고려해 보겠다.

여담을 피하기 위해 이 오프닝에서 자주 이루어지는 첫 10수에 대한 분석은 제공하지 않겠다.

백: 타라시   **흑: 라스커**

1908년 뒤셀도르프, 네 번째 대국

루이 로페즈

1	e4	e5
2	Nf3	Nc6
3	Bb5	Nf6
4	0-0	d6
5	d4	Bd7
6	Nc3	Be7
7	Re1	exd4
8	Nxd4	Nxd4
9	Qxd4	Bxb5
10	Nxb5	0-0
11	Bg5	

11 Bg5는 오래된 이론에 따른 것이다. 다른 모든 기물들이 전개되었으므로 백은 퀸스 비숍과 퀸스 룩을 투입하는 것을 당연하게 받아들인다. 이 포지션의 필수 요소는 e4와 d6 칸의 중앙 폰 대형에 달려 있다. 이를 통해 백은 자신의 나이트를 5랭크에 올려놓고 잘 보호할 수 있다. 그 가능성을 이용하기 위해 같은 포지션(**27. 카파블랑카-아마추어** 참조)의 카파블랑카는 b5 나이트를 유리한 칸 f5에 d4를 거쳐 배치시키기 위해 **11 Qc3**를 뒀다.

11	...	Re8
12	Rad1	

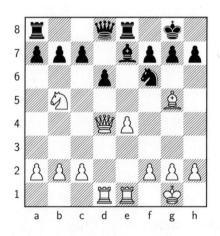

12 Rad1은 다시 한 번 전개하는 수지만 어떤 계획도 형성하지 않는다. 그러나 이 게임에서는 그것이 그렇게 분명하지는 않다. 이미 논의된 유사한 게임을 예로 들어보겠다. 타라시-슐레히터(1894년 라이프치히)의 경기다. **1 e4 e5 2 Nf3 Nc6 3**

Bb5 Nf6 4 0-0 d6 5 d4 Bd7 6 Nc3 Be7 7 Re1 Nxd4 8 Nxd4 exd4 9 Bxd7+ Qxd7. 잘못된 전개다. 이미 전개된 f6의 나이트로 e7의 비숍을 해방시키고 룩을 위한 오픈 파일을 만드는 것이 옳았을 것이다. 10 Qxd4 0-0 11 b3 Rfe8 12 Bb2 Bf8 13 Rad1?(이것은 동시에 시간 상실을 보여 준다. 그러나 마지막 미전개 기물을 전개하는 이 수는 이전에는 너무 당연한 것으로 여겨져서 비평가들 중 아무도 그것을 주목하지 않았다) 13...Qc6 14 Rd3 Re6 15 h3 Rae8 16 R3e3 등등.

12	...	h6
13	Bh4	Nd7
14	Bxe7	Rxe7
15	Qc4	Re5
16	Nd4	Rc5
17	Qb3	Nb6
18	f4	Qf6
19	Qf3	Re8

19...Re8는 오래된 스타일의 목표 없는 전개 수다. 더 나은 수는 19...a5다. 카파블랑카 게임에서의 연속성과 비교해 보면 19...Re8가 아무 영향을 미치지 않는다는 것을 발견할 수 있으며 나중에 e8의 룩을 d8로 이동해야 한다.

이 게임은 카파블랑카 기술이 가진 새로운 면을 잘 보여 준다. 다음 두 게임은 우리에게 더 나은 통찰을 준다.

27. 카파블랑카-아마추어

백: 카파블랑카　　　　**흑: M. 포나로프Fonaroff**

1918년 뉴욕

루이 로페즈

1	e4	e5
2	Nf3	Nc6
3	Bb5	Nf6
4	0-0	d6
5	d4	Bd7
6	Nc3	Be7
7	Re1	exd4
8	Nxd4	Nxd4
9	Qxd4	Bxb5
10	Nxb5	0-0
11	Qc3	

앞선 내용에서 이 부분과 관련된 설명을 비교해 보라.

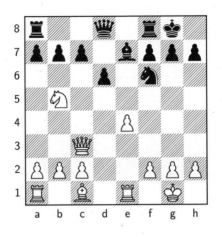

11	...	c6
12	Nd4	Nd7
13	Nf5	Bf6
14	Qg3	Ne5
15	Bf4	

여기서 백은 관습을 따르는 g5 비숍 전개를 하지 않음으로써 얻는 이득이 있다. 그는 d6 폰의 약점을 유도한 후, 더 큰 이득으로써 f4의 비숍을 배치할 수 있다.

| 15 | ... | Qc7 |

백은 **Rad1**으로 d6의 폰을 얻으려 위협한다.

| 16 | Rad1 | Rad8 |

17	Rxd6

적어도 허약한 흑 폰을 잡게 되는 백의 특별한 콤비네이션이다.

17	...	Rxd6
18	Bxe5	

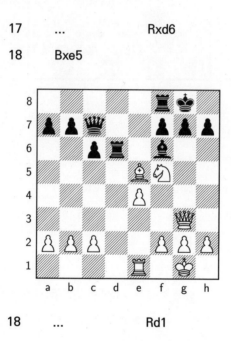

18	...	Rd1

18...Bxe5면 19 Qxe5 이후 분명 흑이 패배한다. 가장 좋은 것은 18...Qa5 19 Bc3 Bxc3 20 bxc3 Rg6 21 Ne7+로 백이 폰을 잡는 것이다. 그러나 흑은 카파블랑카가 간과했다고 생각한 기발한 수 18...Rd1을 선호했고, 그로 인해 꽤 대등한 게임이 되리라 생각했다.

19	Rxd1	Bxe5
20	Nh6+	Kh8
21	Qxe5	

이제 카파블랑카가 겉보기에는 훌륭해 보이는 흑의 수비를 계산에 정확하게 포함시켰음을 알 수 있다.

21	...	Qxe5
22	Nxf7+	기권

흑은 **23 Rd8+** 때문에 나이트를 잡을 수 없으므로 기권한다.

28. 카파블랑카-무명

백: 카파블랑카

흑: J. 바카아루스Baca-Arús

1912년 아바나

더치 디펜스Dutch Defence

1	d4	d5
2	e3	e6
3	Bd3	c6
4	Nf3	Bd6
5	Nbd2	f5
6	c4	Qf6
7	b3	

흑의 주요 난제는 전개하기 어려우며 ...e5에 의해서만 해방되는 퀸스 비숍이다. 카파블랑카의 계획은 흑의 ...e5에 의해 게임이 열렸을 때 흑의 킹사이드가 f파일 폰 전개의 결과로 허약해진다는 사실에 기반한다. 백은 이제 포지션 계획에 따라 대각선 a2-g8와 a1-h8를 따라 공격을 잇길 원하는데, 이는 그 대각선들이 더 이상 f7이나 f6 폰에 의해 차단될 수 없기 때문이다.

7	...	Nh6

8	Bb2	0-0
9	Qc2	Nd7
10	h3!!	

10 h3는 대각선 a2-g8 및 a1-h8를 확보하기 위해 상술한 계획의 일부를 구성하는 매우 훌륭한 수다.

10	...	g6
11	0-0-0	e5

마침내 흑을 해방시키는 수가 나타났지만, 카파블랑카는 승리를 강요할 수 있게끔 모든 요소를 잘 준비하고 있었다.

12	dxe5	Nxe5
13	cxd5	cxd5
14	Nc4!!	

14 Nc4는 백이 대각선 a2-g8를 통제하기 위해서다.

14	...	dxc4
15	Bxc4+	Nhf7
16	Rxd6!	Qxd6
17	Nxe5	Be6

흑은 대각선을 원한다. 그러나 다음 2수에 포함된 콤비네이션
으로 카파블랑카가 다시 점령한다.

18	Rd1	Qe7
19	Rd7	Bxd7

19...Qe8면 이후 20 Qc3로 승리.

20	Nxd7	

이제 백은 Qc3와 Nf6+를 함께 위협한다.

20	...	Rfc8
21	Qc3	Rxc4
22	bxc4 그리고 승리	

22...Nd6인 경우 백은 23 Qh8+ Kf7 24 Ne5+ Ke6 25 Qxa8
이후에 여분의 기물이 남아 있게 된다. 반면 22...Nd8인 경우
23 Qh8+ Kf7 그리고 Nf6+ 또는 Nf8+와 함께하는 24 Qg7+가
뒤따른다.

체스보드 위에 놓인 책 ©Alyona Yambakova

29. 하이퍼모던 스타일

저명한 체스 마스터이자 저술가인 사비엘리 타르타코베르 Savielly Tartakower 박사는 알렉산드르 알예힌Alexander Aleksandrovich Alekhine, 예핌 보골주보프Ефим Дмитри евич Боголюбов, 줄러 브레이어Gyula Breyer 등 젊은 마스터들의 스타일을 하이퍼모던Hyper-Modern이라고 표현했다. 이 명칭을 무한한 찬사로 간주하기는 어렵지만 비난 또한 아니다. 타르타코베르 자신도 말년에 이 스타일에 가까워졌기 때문이다.

젊은 마스터들은 각 수를 계획의 한 요소로 간주하고, 어떤 수도 단독적으로 두어서는 안 된다는 카파블랑카의 기법을 배우면서(때로는 모든 수에 그에 수반하는 전개가 있어야 한다는 모피의 원칙과 상반되는), 이전에는 모든 훌륭한 선수들에 의해 무의식적으로 알아서 두는 것으로 여겨졌던 수들을 버려야 함을 깨닫기 시작했다.

모더니즘의 일반적인 아이디어에 대한 특별한 예로서 나는 물리학과 수학과 관련하여 우리가 알고 있는 과학적 규칙과 소위 체스 법칙 사이에는 원칙적인 차이가 존재한다는 점을 언급하는 것으로 시작하고자 한다. 자연 법칙은 모든 조건에서 우선하는 반면, 보편적인 체스 전략의 원칙은 대부분의 경우 실용적으로 적용될 수는 있지만 어떤 경우에는 의지하지 않는 게 더 나을 수 있다는 점을 고려하면 그 차이가 분명해진다. 인생에 보편적인 행동 규칙이란 없으며 항상 가장 인정받는 원칙에 따라 행동한다고 해서 위대한 사람이 되는 게 아닌 것처럼 체스 원칙도 마찬가지다.

체스의 진정한 규칙이란 무엇일까? 그것은 수학적으로 정확하게 정해진 게 아니라 주어진 포지션에서 승리하거나 궁극적인 목표에 도달하는 방법을 공식화하고 그 방법을 유사한 포지션에 적용하려는 시도다. 그러나 두 개의 포지션이 완전히 똑같은 것은 아니기 때문에, 소위 규칙이라고 불리는 것이 겉보기로만 유사한 포지션에 적용될 경우 잘못될 가능성이 있으며, 적어도 그런 특정한 포지션에 관해서는 더 적합하거나 효과적인 플레이 방법이 따로 존재할 수도 있다. 모든 포지션을 하나의 일반법칙에 따라 취급하는 게 아니라, 그 포지션에 내재된 원칙에 따라 취급하는 것이 바로 모던 학파의 목표다.

다른 포지션들과 그 대처에 적용되는 규칙에 관한 지식은 지금 바로 고려해야 하는 포지션을 분석하고 파악하는 데에는 매우 유용하다. 따라서 체스의 원칙은 전체적으로 보면 격언으로 볼 수 있는데, 때때로 또는 어쩌면 대부분이지만, 그 격언을 추종한다고 해서 항상 유리하지는 않다. 예를 들어 가장 빠른 해결책으로 이어지는 핵심 수가 가장 좋은 수지만 모든 문제 제작자는 그 규칙에 반대될 수 있는 모든 규칙을 위한 문제를 만들 수 있다. 모든 게임에서, 실제로 초기의 최고의 게임에서 우리는 자명해 보이는 기계적인 마스터가 심사숙고 없이 둔 수를 발견하게 되는데, 그러한 수들은 그 마스터의 살과 피의 일부가 될 정도로 오랫동안 지속된 규칙에 기반을 두고 있기 때문이다. 그러나 모더니즘 학파 선수들에 따르면, 규칙과 무관하게 자신이 가진 특정한 계획에 따라 플레이 할 때는 극도의 숙고가 요구되며, 가장 큰 오류의 원인은 플레이어의 계획이나 사고방식에 근거하지 않고 규칙에 따라 만들어진 수에서 찾을 수 있다.

모더니즘 학파의 게임은 비평가들에게 기이하고 무의미한 것처럼 보인다. 모던 학파의 플레이어는 다른 사람들이 생각하기를 멈추는 곳에서 빠르게 움직이고 지금까지 당연한 것으로 간주되었던 수를 본능적으로 피한다. 여기서 원칙이 불필요하다고 말하려는 의도는 아니지만(나는 이미 원칙의 유용성을 입증했다), 체스 규칙은 적용하고자 하는 각각의 경우에 따라 신중하게 고려해야 한다는 점을 충분한 수준으로 분명히 하고자 한다.

하이퍼모던은 기계적인 플레이의 가장 큰 적이다.

30. 복잡한 포지션

브레이어는 몇 년 전에 위와 같은 제목으로 **1 d4**가 **1 e4**보다 낮다는 생각을 증명하려고 시도한 기사를 발표했다.

옛 마스터들이 서로를 모방하는 습관이 있는 동작 중에는 오프닝 동작이 있었다. 그들은 **1 e4 e5**로 게임을 시작했다. 개인의 성숙한 성찰이 아니라, 단순히 그들 이전의 수백 명의 사람들이 그다지 생각 없이 그들 이전의 수백 명의 사람들과 같은 수를 뒀기 때문이다. 그것은 젊은 세대로 하여금 마스터들에 대한 불신을 불러일으켰고, 비판하게 만들었다.

예전에는 오프닝을 기물들을 두기 시작하는 부분이라고 정의했다. 그러나 모든 수에서 계획을 세워야 한다는 방법론이 확립된 후, 오프닝에 대한 그러한 정의는 의미를 잃게 되었다.

이제 모든 포지션에서 추구하는 것은 포지션별 고려사항에 기반한 계획에 따른 플레이다. 체스보드에서 가장 중요한 부분이 중앙이라는 것은 오래 전부터 알려져 왔는데, 중앙에서는 필요할 때마다 모든 방향으로 빠르게 기물들을 이동시킬 수 있기 때문이다.

따라서 백은 첫 수로 가운데 폰을 두 칸 전진시키면서 중앙에 가능한 한 많은 공간을 확보하기 위해 노력하는 계획에 따라 플레이 한다. 이 책은 지침서가 아니기 때문에 **1 e4**와 **1 d4** 각각의 가치에 대한 비교를 제안하지는 않겠다. 반면에 나는 이제 보편적인 반격 수인 **1...e5**와 **1...d5**에 대한 짧은 비판적 논의를 제안하며 가능한 한 일반적으로 설명하고자 한다.

'백은 오프닝에서 공격자로서의 특성상 우위를 점하기 위해 노력하는 반면, 그 단계에서 흑은 대등한 게임을 확보하면 만족한다'는 명제에서부터 시작하겠다. 오프닝을 중앙을 차지하기 위한 투쟁으로 정의하는 것은 보통 수준의 체스 개념을 넘어서게 될 것이므로, 비교를 위해 캐슬링된 포지션에 대한 공격에서 발생하는 익숙한 투쟁의 예를 고찰해 보겠다. 백은 흑 킹의 포지션을 공격하고 싶어 하고, 흑은 킹사이드 캐슬링을 했다고 가정한다. 일반적으로 백은 캐슬링된 쪽으로 진군을 시도한다. 이는 오프닝 포지션에서 가운데 폰을 밀면서 보드 중앙에 대한 공격을 시작하는 것과 정확히 같은 방식이다.

이제 흑이 캐슬링된 포지션을 어떻게 방어하는지 살펴보자. 흑은 파일이 열리지 않도록 최선을 다할 것이다. 따라서 그는 잘 벗어날 수 없는 칸이나, 타라시 박사가 게임에 적용하고 사용한 문구를 사용하자면 '공격의 표식이나 목표물로 제공되는 칸으로 폰을 옮기지 않을 것'이다. 따라서 흑은 백의 g2-g4-g5와 나이트 파일이 열리는 걸 두려워하기 때문에 ...h7-h6을 피하기 위해 최선을 다할 것이다. 마찬가지로 백의 h2-h4-h5 때문에 ...g7-g6도 거의 두려 하지 않을 것이다.

1 e4 e5 또는 1 d4 d5 이후 중앙에서 공격할 수 있는 비슷한 표식이 e5 또는 d5에 있는 흑 폰에서 각각 발견된다. 그 전에는 중앙에서 가능한 한 많은 영역을 점령하려는 막연한 계획만 구상할 수 있었던 백은 1 d4 d5 이후에는 즉시 세부적인 계획을 구상할 수 있는 포지션에 놓이게 되고, 따라서 훨씬 더 쉽게 공

격할 수 있다. 예를 들어 그는 d5의 공격 지점을 활용하여 **2 c4**로 비숍 파일을 열 수 있다. 그리고 게임의 오프닝(5. **오프닝** 참조)에서와 마찬가지로 더 잘 전개된 쪽에 이점이 있으므로 이 경우 선수先手를 가지고 있고 처음부터 한 수, 수학적으로 더 정확하게는 반 수를 앞서는 백이 유리하다.

방금 설명한 아이디어에 부합하여 흑의 경우, 오프닝에 대한 가장 최근의 개념은 중앙에서 포지션을 강화하여 백의 추가 공격 계획의 차단을 목표로 한다는 것이다. 따라서 우리는 최근 토너먼트의 일일 회보에서 다음과 같은 보골주보프의 오프닝을 발견할 수 있었다.

퀸스 인디언 디펜스Queen's Indian Defence

1	d4	Nf6
2	Nf3	e6
3	c4	b6
4	Nc3	Bb7

또는 **1...d5**를 두는 경우

퀸스 갬빗 거절

1	d4	d5
2	c4	e6

3	Nc3	Nf6
4	Bg5	Nbd7
5	e3	Be7
6	Nf3	0-0
7	Rc1	c6

7...c6는 과거에는 악수惡手로 간주되었으며 대신 **...c5**를 가능하게 하기 위해 **...b6**를 뒀다. 이는 중앙에서 너무 이른 결론에 도달하지 않으려는 모던한 방어 계획에 해당된다.

8	Bd3	dxc4
9	Bxc4	Nd5
10	Bxe7	Qxe7
11	0-0	Nxc3
12	Rxc3	

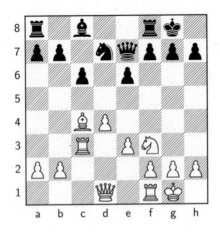

흑은 이제 **...c5** 또는 **...e5**로 중앙에 압력을 가할 기회가 있다. 그리고 움직이는 선수는 방어하는 선수가 어떤 계획을 채택할지 모르기 때문에, 백은 과거의 일반적인 수비에 비해 자신의 기물들을 위한 정확한 대형을 찾기가 훨씬 어렵다.

독자들은 이제 매우 모던 마스터들이 옛 시대, 이전에는 어떤 심각한 의심도 받지 않으며 전해진 수들, 즉 **1...e5**와 **1...d5**의 신뢰를 떨어뜨리는 효과를 가지고 있기에 **하이퍼모던**이라고 명명되는 게 왜 놀랍지 않은지를 더 잘 이해할 것이다.

위의 간단한 설명은 다른 사람들이 무엇을 뒀는지 비판적으로 관찰하지 않고 규정하는 책을 따라 둔 첫 수가 만족스럽지 않은 경우, 오프닝을 올바르게 다루는 게 얼마나 어려운지 독자들에게 제대로 상기시키기에 충분할 것이다. 지식을 갈망하고 항상 토너먼트 플레이에 대해 듣고 싶어하는 체스 애호가들은 종종 나에게 "게임의 오프닝 동작은 아마도 매우 빠르게 진행될 것이다. 그 시점에는 사실상 아무 일도 일어나지 않기 때문이다"라고 말했고, 나는 그들에게 "오프닝은 게임에서 가장 어려운 부분이다. 그 시점에서는 사실상 무슨 일이 일어나고 있는지 알기가 매우 어렵기 때문이다"라고 대답해야 했다.

31. 알예힌

1908년에 치고린이 사망했을 때 러시아에서의 체스 활동은 최고조에 달했다. 이미 충분히 평가한 바 있는 루빈스타인이 가장 두드러졌다. 님초비치는 꽤 독특한 위치를 차지했다. 그는 콤비네이션에 매우 뛰어난 재능을 가지고 있었을 뿐만 아니라 체스 전략과 기술을 더 발전시키기 위해 노력했다. 그 과정에서 그는 앞서 설명한 슈타이니츠의 길을 따라갔고, 자신의 방법론을 세부적으로 확장하려고 노력했다. 훈련을 거의 받지 못했지만 재능이 뛰어난 두스코티미르스키, 독창적이지는 않지만 매우 체계적인 스노스코보로프스키 등 당시에는 많은 이들이 있었다.

그해에 알예힌(1892~1946)이 두각을 나타냈다. 그는 이제 막 열일곱 살에 접어들었고 처음에는 수많은 러시아 유형의 마스터들 중 한 명에 불과했다. 그는 요즘처럼 번잡한 시대와 비교해 봐도, 체스를 둘 때조차도 항상 안절부절못하는 엄청나게 신경증적인 사람이었다. 당시 체스 기술로 구성된 무미건조하고 체계적인 과정은 그에게 적합하지 않았다. 당시의 포지션에서의 고려 사항은 동적이 아닌 정적이었다. 그리고 모든 포지션에서 깊고 광범위한 계획이 아닌 최선의 수가 추구되었다. 그런 상황에서는 내면의 불안을 억누를 수 없다. 그래서 그는 전략은 무시했으나 콤비네이션의 영역에서 독창적인 것을 만들어 냈다. 일반적으로 콤비네이션에서 첫째가는 놀랍고 아름다운 수는 희생이다.

알예힌이 상대방의 숨을 멎게 만드는 순간은 대부분 마지막 수다. 그는 단순하고 겉보기에 무해해 보이는 일련의 수들을 분석하여 언젠가 그 끝에 원천적인 가능성이 숨겨져 있는지, 따라서 찾아 보기 어려운 것이 숨겨져 있는지를 확인하여 상대를 이긴다. 동료였던 루빈스타인과 님초비치가 기존의 잘 알려진 길을 밟으며 체스의 진실에 접근하려고 노력했다면, 알예힌이 추구한 포지션의 단순함과 뻔한 수에 속지 않으려는 노력은 그를 천천히 새로운 방향으로 이끌었다. 그래서 루빈스타인과 님초비치는 위대한 전략가로 추앙받게 되었으며, 누구도 감히 분리주의자 알예힌을 그들과 비교하지 않게 됐다. 1914년의 전 러시아 토너먼트에서 알예힌이 님초비치와 함께 1등을 차지했을 때 모두들 그가 운이 좋았다고 말했다. 1914년에 러시아로 건너간 카파블랑카와의 우정은 알예힌의 체스 경력에 전환점이 되었다. 카파블랑카와 교제하는 동안 그는 자신의 성향에 적합한 활기찬 역학으로서의 새로운 테크닉을 배웠고, 자신의 독창성에 체계적인 토대를 추가하였으며, 더 많은 것을 구축할 수 있었다.

다음 게임은 오프닝을 다루는 새로운 스타일의 매우 특징적인 게임으로, 처음에 구상한 포지션 계획을 수행하는 것과는 반대로 전개를 소홀히 하는 양상을 보여 준다. 이는 최우수상을 결정한 게임이었을 뿐만 아니라 과거의 방법론과 새로운 방법론 사이의 투쟁에서 결정적인 게임이기도 했다.

백: 알예힌　　　　　　**흑: 루빈스타인**

1921년 헤이그

퀸스 갬빗 거절

1	d4	d5
2	Nf3	e6
3	c4	a6
4	c5!	

예전에 **4 c5**는 흑이 곧 **...e5**로 반격 전진하겠다고 위협하기 때문에 열등하다고 여겨졌다.

4	...	Nc6
5	Bf4	Nge7

흑은 이제 **6...Ng6**를 통해 **...e5**를 실행하고자 한다.

6	Nc3	Ng6
7	Be3	

모든 전개 원칙에 정면으로 부딪히는 **7 Be3**는 확실히 과거의 마스터라면 만들지 않았을 것이다. 그러나 지금 포지션적으로 올바른 계획은 흑의 **...e5**를 막는 것이었다. 그러나 만약 **7 Bg3**면 **7...e5 8 dxe5 d4**가 된다.

7	...	b6

루빈스타인은 필요에 의해 **...e5**를 포기하고 c5 백 폰의 까다로운 압박에서 벗어나고 싶어 한다.

8	cxb6	cxb6
9	h4!	

이제 백은 일시적으로 잘못 놓인 e3 비숍에게 칸을 제공한다.

9	...	Bd6
10	h5	Nge7
11	h6	g6
12	Bg5	0-0
13	Bf6	

그리고 흑 킹의 포지션이 허약해진 덕분에 백이 전략적으로 승리하는 게임이 된다.

32. 알예힌-파르니

백: 알예힌 　　　　　 흑: H. 파르니Fahrni

1914년 만하임

프렌치 디펜스

1	e4	e6
2	d4	d5
3	Nc3	Nf6
4	Bg5	Be7
5	e5	Nfd7
6	h4	

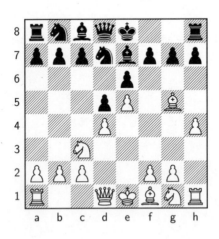

이후 모든 모던 마스터들이 채택한 이 독창적인 플레이 방식
은 알예힌 스타일의 특징이다.

6	...	Bxg5
7	hxg5	Qxg5
8	Nh3!	

짧은 스텝을 가진 나이트는 항상 실제 전장에 최대한 가깝게 가져와야 한다. 따라서 백은 그럴 듯한 **8 Nf3**가 아니라 **8 Nh3**를 두어 나이트가 f4로 이동하도록 한다.

8	...	Qe7
9	Nf4	Nf8
10	Qg4	f5

10...f5는 흑의 유일한 수다. **11 Qxg7**뿐만 아니라 **11 Nxd5**로도 위협을 받았기 때문이다.

11	exf6 e.p.	gxf6
12	0-0-0	

흑은 다시 **13 Nxd5**의 위협을 받는다.

12	...	c6
13	Re1	Kd8
14	Rh6!	e5
15	Qh4	Nbd7

16	Bd3	e4
17	Qg3	Qf7

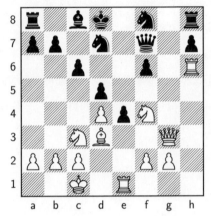

17...Qf7은 강제였다. 백이 d5 나이트 희생으로 위협했고 **17...Qd6 18 Bxe4 dxe4 19 Rxe4**와 **20 Qg7** 이후에는 백이 승리하기 때문이다.

18	Bxe4!	dxe4
19	Nxe4	Rg8
20	Qa3	

종종 그렇듯이, 여기서 예상하기 어려운 놀라운 행마가 겉보기에는 단순한 알예힌 콤비네이션의 핵심을 형성한다.

20	...	Qg7

20...Qe7이면 21 Qa5+ b6 22 Qc3가 뒤따른다.

| 21 | Nd6 | Nb6 |
| 22 | Ne8 | Qf7 |

백은 23 Qd6+ Qd7 24 Qxf6+ Qe7 25 Qxe7#로 3수 메이트
한다.

33. 보골주보프-알예힌

백: 보골주보프　　　**흑: 알예힌**

1922년 헤이스팅스

더치 디펜스

1	d4	f5
2	c4	Nf6
3	g3	e6
4	Bg2	Bb4+
5	Bd2	Bxd2+
6	Nxd2	Nc6
7	Ngf3	0-0
8	0-0	d6

이제 백은 중앙에서 좋은 게임을 할 수 있는 **...e5**를 가진 흑을 막을 수 없다. 따라서 백은 퀸사이드에서의 전진으로 약간의 활로를 얻기 위해 퀸을 c3에 놓는다.

9	Qb3	Kh8
10	Qc3	e5
11	e3	a5!

흑은 균형 상태로 유지되는 중앙 포지션이라는 유리한 특징을 최대한 오래 유지하기 위해, 백이 폰을 b4와 b5로 밀지 못하도록 방해한다.

백은 여전히 자신의 계획을 실행할 것이다. 그 계획이란 **12 a3** 이후에는 자연스럽게 **12...a4**가 이어지는 것이었다.

12	...	Qe8
13	a3	Qh5

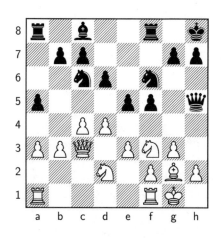

이제 백은 **14...e4 15 Ne1 axb4** 때문에 함부로 **14 b4**를 두지 못한다. 만약 **14 dxe5 15 Nxe5 Nxe5 16 Qxe5**면 **16...Ng4**.

이제 가능한 한 중앙에서 결론을 내기 위해 백이 움직인다….

14	h4	Ng4
15	Ng5	Bd7
16	f3	Nf6

이제 흑은 **17...f4**로 백 포지션을 걷어올리겠다고 위협한다.

17	f4	e4
18	Rfd1	

18 Rfd1은 흑이 **...Qg4**와 **...Nh5**를 위협하므로 f1에 나이트를 위한 공간을 확보하기 위해서다.

18	...	h6
19	Nh3	d5!

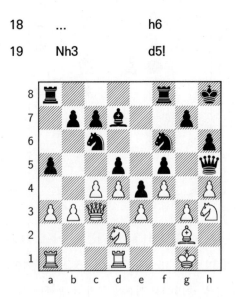

19...d5를 둔 흑은 d5를 확고하게 장악하기 위한 싸움을 시작

한다.

| 20 | Nf1 | Ne7 |

혹은 d5 칸의 통제를 붙들기 위해 **20...a4**를 두겠다고 위협하고 있었다.

21	a4	Nc6
22	Rd2	Nb4
23	Bh1	

나쁜 포지션에 놓인 백은 **Rg2, Nf2, g4**를 통해 자신의 킹사이드를 해방시키고자 한다.

| 23 | ... | Qe8! |

게임의 전략적 결정. 이제 백은 흑에게 d5를 포기하거나 폰을 잃는 것 중 하나를 선택해야 한다. 그는 당연히 사악한 후자를 선호한다.

| 24 | Rg2 | |

24 c5면, 혹은 **24...b6**를 이어서 둔다.

24	...	dxc4
25	bxc4	Bxa4
26	Nf2	Bd7
27	Nd2	b5

d5를 위한 싸움이 다시 시작된다.

28	Nd1	

이는 **28...bxc4 29 Nxc4 Nd5** 이후 **Ne5**를 두기 위해 e3를 보호하기 위한 수다.

28	...	Nd3

흑은 이미 만족스러운 전략적 우위를 점했으므로 이제 콤비네 이션 플레이를 진행한다.

29	Rxa5	b4
30	Rxa8	

만약 **30 Ra1 Rxa5 31 Qxa5 Ra8**면 룩 파일에 있는 흑이 백 포지션을 관통한다.

30	...	bxc3

31	Rxe8	c2!

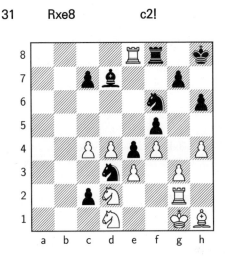

콤비네이션의 첫 포인트다.

32	Rxf8+	Kh7
33	Nf2	c1Q+
34	Nf1	

백은 얼핏 보기에 흑 퀸에 맞설 충분한 자산을 확보한 듯하다. 하지만 이제 알예힌의 콤비네이션에서의 두 번째 포인트가 이어진다.

34	...	Ne1

1수 메이트가 위협된다.

35	Rh2	Qxc4

백이 **Bb5**를 두겠다고 위협한다.

36	Rb8	Bb5
37	Rxb5	Qxb5
38	g4	Nf3+!
39	Bxf3	exf3
40	gxf5	

40 g5 이후에는 **40...Ng4**가 이어진다.

40	...	Qe2 그리고 승리

백은 폰 행마만 할 수 있으며 그 행마마저도 빠르게 소진된다.
41 Rh3 이후와 동일하게 **41 Nh3** 이후에도 흑의 **...Ng4**가 이어
진다.

34. 브레이어

브라티슬라바Bratislava에는 몇 달 동안 「첼리니 스포츠 Czellini Sport」(마인드 스포츠)라는 잡지가 등장했다. 어떤 사람이 긴 여행을 떠나게 된다면 그는 기꺼이 이 잡지를 하나 샀는데, 왜냐하면 짧은 장에 대한 연구만으로도 그 여행 전체 시간을 보낼 수 있기 때문이었으며, 정신적인 운동으로서 각 라인이 아주 어려웠다. 예를 들어, 어떤 페이지에는 한 글자씩 거꾸로 읽으면 원본이 공개되는 연애 편지가 있었다. 비밀 코드를 발견하기 위한 열쇠와 그런 류의 다른 많은 것들도 있었다. 체스 항목도 있었는데 그 내용이 독특했다. 예를 들어, 다음과 같은 문제가 있다.

백 차례: 누가 이길까?

포지션은 복잡했다. 양쪽의 모든 기물들이 **잡힐 수 있는 자리에**en prise 놓여 있었고, 오랜 연구 끝에야 백이 유리할 수밖에 없다는 사실을 알 수 있었다. 그러나 그것도 올바른 해결책이 아니었다. 그와는 반대로 50수 동안 어떤 말도 잡히지 않았고 어떤 폰도 움직일 수 없었다는 걸으로 봐서는 믿기지 않는 사실이 증명될 수 있었다. 따라서 체스 규칙에 따르면 그것은 무승부였다. 독창적인 기고만 찾을 수 있는 이 잡지의 유일한 편집자는 브레이어(1893~1921)였다. 그리고 가장 훌륭한 술책이라도 만족스럽지 않을 정도로 현명하고 가장 복잡한 조건을 한눈에 꿰뚫어 보는 지칠 줄 모르는 지적 능력을 가진 그에게는 단 하나의 예술이 있었다. 그 예술의 영역에서 그는 진심을 다했을 뿐만 아니라 자신의 모든 개성을 쏟아 부었다. 그 영역은 체스였다.

타르타코베르 박사는 『체스 지식의 나무The Tree of Chess Knowledge』라는 책에서 하이퍼모던 스타일을 설명한다. 그는 특히 자신의 눈에 비친 브레이어를 명징하게 그리고 있다.

그 명쾌한 스케치에는 다음과 같은 내용이 담겨 있다.

"체스는 입체파*를 보여줄 수도 있다. 그 주요 대표자인 알예힌, 보골주보프, 브레이어와 레티는 특히 1920년에 루빈스타인, 타라시, 마로치 등과 같은 구 학파의 거물들과의 경쟁에서 화려한 성공을 거두어 가장 현대적인 학파로 체스계 전체의 관심을 끌었다. 그때까지 그들 학파의 교리는 분리파적인 상태였다. 여기에는 이전에 한 번도 선보이지 않았던 계획, 즉 게임의 건전성을 해치는 계획으로 기물을 더 자유롭게 전개하려는 모든 노력을 비웃는 수뿐만 아니라 악성으로서의 잠재적 에너지를 끝없이 저장하여 구원을 추구하는 방법도 포함되었으며, 이는 과학적 관점에서 진지하게 제시된 것들이었다. 이러한 방법을 통해 수백 년 동안 숨겨져 있던 비밀이 밝혀졌다. '쌓아 올리는 것이 아니라, 포지션을 방해하는 것이다'가 그곳에 주어진 표어다. 구 학파의 우상들은 박살났다. 가장 선호되는 오프닝은 반박되었다. 포 나이츠Four Knights 오프닝과, 무엇보다도(브레이어가 출판한 조약 중 하나에서 설교한 것처럼) '백의 게임은 첫수로 1 e4를 둔 후에 마지막 진통에 시달린다'는 말은 그 명성에 손상을 입었다."

----

* 브라크와 피카소 등이 중심이 된 현대 회화의 한 장르.

"신조란 불합리한 것이다Credo quia absurdum"

1921년 말, 체스계는 일류 체스 마스터는 아니지만 심오한 연구를 통해 낡은 원칙을 파괴하고 개혁을 이룩한 선구자였던 브레이어를 잃었다. 우리는 새로운 슈타이니츠를 너무 빨리 빼앗겼다. 브레이어는 헝가리 신문에 실은 게임에 대한 수많은 협의와 분석에서 이론에 대한 자신의 견해를 제시했다. 그는 카파블랑카와 라스커의 세계 챔피언 대국을 면밀히 분석했다. 다음에 그 사례를 들어 보겠다.

백: 라스커　　　흑: 카파블랑카

1921년 아바나, 열 번째 대국

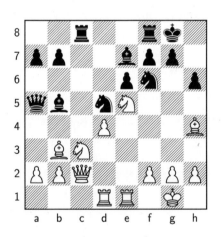

이 포지션에서 백은 **17 Bxd5 Nxd5 18 Bxe7 Nxe7**을 뒀다. 카파블랑카는 d4의 고립된 백 폰을 고려할 때 약간의 포지션적 이점을 가지고 있었고, 자신의 뛰어난 기술을 통해 승리했다. 그런데 브레이어가 증명했듯이 라스커가 오히려 강제 우위를 점할 수도 있었다. 그 콤비네이션은 두 마스터뿐만 아니라 수많은 분석가들도 간과했다. 그 이유는 잘못된 초기 체스 기술에서 찾아야 한다. 이기는 콤비네이션의 도입 수, 즉 **17 Bxf6!!**는 시간을 잃고 흑의 포지션을 전개하기 때문에 오래된 원칙에 근거한 체스 플레이어가 이 콤비네이션을 발견하는 것은 거의 불가능했다.

브레이어의 분석은 다음과 같다.

17	Bxf6	

만약 **17...Nxf6**면 **18 Ng6 Rfe8 19 Rxe6 fxe6 20 Bxe6+ Kh7 21 Nf8+ Kh8 22 Qh7+! Nxh7 23 Ng6#.**

17	...	Bxf6
18	Bxd5	exd5
19	Ng4	Bg5!

만약 **19...Bd8**면 **20 Qf5**가 따라온다.

20	f4	Bxf4
21	Qf5	Bc7

이와 다른 흑 비숍의 이동 후에는 **22 Qxd5 a6 23 a4**가 이어

진다.

22	Nxd5	Kh8
23	Nxh6	gxh6
24	Nf6	Kg7
25	Nh5+	

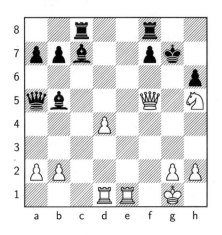

그리고 백이 2수째에 메이트를 건다.

35. 브레이어-에세르 박사

백: 브레이어　　　　　　흑: J. 에세르Esser 박사

1917년 부다페스트

퀸스 갬빗 거절

1	d4	d5
2	c4	e6
3	Nc3	c6
4	e3	

　여기에서 이어지는 **36. 브레이어-하바시** 게임의 세 번째 수와 비교해보라.

4	...	Nf6
5	Bd3	Bd6
6	f4!	

　6 f4는 명백히 **Nf3**보다 낫다. 그러나 판에 박힌 관습을 가진 플레이어는 이와 같은 아이디어를 낼 수 없을 것이다.

6	...	0-0
7	Nf3	dxc4

흑은 **8 Bxc4** 이후 **...b5**와 **...b4, ...Ba6**로 보통 이 오프닝에 갇혀진 자신의 퀸스 비숍을 꺼내려고 한다.

8	Bb1!

놀라운 수다! c8에 있는 흑 비숍은 차단된 상태다. 백은 흑 킹 포지션에 대한 공격을 계획한다. 이 계획에서 백은 **Bc2**가 아니라 **Bb1**을 두는 것이 핵심이다.

8	...	b5
9	e4	Be7
10	Ng5	h6

10...g6를 두면 **11 h4**와 **h5**가 뒤따른다.

11	h4

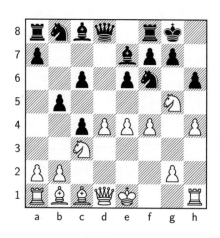

지금 백은 **12 e5 Nd5 13 Qc2 g6 14 h5**로 흑의 캐슬링 포지션을 뒤집겠다고 위협한다. **8 Bb1**에 관한 설명과 비교해 보라.

11　　…　　　　　　g6

위협을 막을 유일한 수다. 동시에 흑은 g5의 백 나이트를 잡겠다고 위협한다.

12　　e5　　　　　hxg5
13　　hxg5

만약 **13 exf6**면 **13...Bxf6 14 hxg5 Bxd4**로 흑이 이득을 취한다.

13　　…　　　　　　Nd5

백이 기물 하나를 희생했다. 그는 어떻게 공격을 이어야 할까? **14 Qg4**면 흑은 **14...Kg7**과 **15...Rh8**로 자신을 충분히 방어할 수 있다.

14　　Kf1

이는 ...Kg7의 방어 가능성으로 바로 반박될 수 있는 문제적인 수라는 게 곧 드러난다.

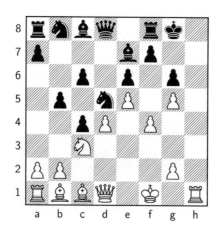

14	...	Nxc3

14...Bb4에 대해서는 게임 끝에 있는 설명을 참조하라.

15	bxc3	Bb7
16	Qg4	Kg7
17	Rh7+	Kxh7
18	Qh5+	Kg7
19	Qh6+	Kg8
20	Bxg6	fxg6
21	Qxg6+	Kh8
22	Qh6+	Kg8
23	g6	Rf7
24	gxf7+	Kxf7
25	Qh5+	Kg7

26	f5

이제 몇 수 만에 막혀 있던 퀸스 비숍이 움직이기 시작한다.

26	...	exf5
27	Bh6+ 그리고 승리	

27...Kh7 28 Bf4+ Kg7 29 Qh6+ Kg8+ 30 Qg6+ Kh8 31 Ke2 Bh4 32 Rh1과 Bg5.

브레이어의 콤비네이션을 더 잘 이해하기 위해 열네 번째 수에서 흑이 다음과 같은 수를 두었을 때 발생할 수 있는 상황을 고려해 보자. 그는 퀸을 자유롭게 하기 위한 e7 칸을 남겨두기 위해 14...Bb4를 뒀다. 이를 통해 백은 15 Nxd5 cxd5! 16 Be3를 위한 시간을 가진다. 그리고 만약 16...Kg7이면 17 Rh7+ Kxh7 18 Qh5+ Kg7 19 Qh6+ Kg8 20 Bxg6 fxg6 21 Qxg6+ Kh8 22 Ke2로 백이 승리한다.

36. 브레이어-하바시

백: 브레이어　　**흑: K. 하바시Havasi**

1918년 부다페스트

퀸스 폰 오프닝

1	d4	Nf6
2	Nd2	d5
3	e3	

　브레이어는 닫힌 게임에서 자신의 비숍이 자신의 폰 체인 뒤에 있는 것을 선호한다. 그럼으로써 그는 초기 교환을 피하고 방해받지 않으면서 공격을 준비할 수 있다. 그의 게임에서 결정적인 돌파가 발생하면서 갇혀 있던 기물들이 갑자기 살아나는 상황은 놀랍다. 이와 관련하여 타르타코베르가 그의 책 9장에서 저술한 브레이어의 운영 방식의 묘사와 비교해 볼 필요가 있다.

3	...	Bf5
4	c4	c6
5	Ngf3	e6
6	Be2	Bd6
7	c5!	Bc7
8	b4	Nbd7

9	Bb2	

다음으로 백은 흑의 ...e5를 저지하고 **b4-b5**와 **Qa4**로 방어하기 어려운 c6 칸을 공략하려고 한다.

9	...	Ne4
10	Nxe4	dxe4

10...Bxe4면 이후 백은 **b5**로 계획을 이어간다. 적어도 흑에게 이 수순은 매우 좋아 보인다. d7에 있는 나이트를 d5로 데려올 수 있고, 게다가 백은 압도적인 공격에 노출되지 않고는 함부로 킹사이드에서 캐슬링을 할 수 없다. 다음 수에서 브레이어는 f5 비숍의 불리한 포지션을 독창적이면서도 아름다운 방식으로 활용하여 이득을 취한다.

11	Nd2	Nf6
12	g4	Bg6
13	h4	h5
14	gxh5!	

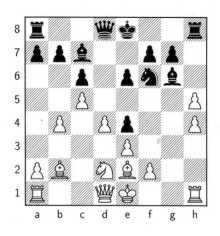

| 14 | ... | Nxh5 |

흑이 여기서 만약 비숍으로 잡으면 자신의 e4 폰을 잃는다.

| 15 | Qc2 | Nf6 |

15...f5면 백은 이득과 함께 g파일을 갖게 된다.

| 16 | 0-0-0 | Bf5 |

...Bf5는 **...Ng4**로 잇기 위한 수다.

| 17 | Rdg1 | Kf8 |
| 18 | h5! | a5 |

만약 흑이 **...a5**를 준비하기 위해 먼저 **18...b5**를 두면, 백은
앙파상을 가지면서 킹을 b1으로 옮기고, c1에 룩을 배치하여
c6의 허약한 폰을 추가로 공략한다.

19	b5	

깊이 계산된 이 폰 희생을 흑이 받아들인 후에 백은 탁월한 승
리를 거둔다.

19	...	cxb5
20	Bxb5	Rxh5
21	d5	Rxh1
22	Rxh1	Kg8
23	d6	Bb8
24	Nc4	Ba7
25	Bd4	Rc8
26	f4!!	

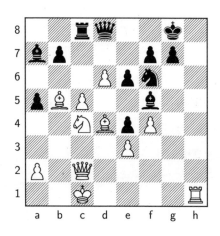

| 26 | ... | Bxc5 |

만약 **26...exf3 e.p.**이면 **27 Qh2 Nh7 28 Qg3 Bg6 29 Qe5** 등등으로 이어진다.

27	d7!	Nxd7
28	Qh2	f6
29	Bxc5	Nxc5
30	Qh8+	Kf7
31	Be8+	

백이 흑 퀸을 잡으며 게임에서 승리한다.

37. 브레이어-레티

백: 브레이어　　　　**흑: 레티**

1918년 부다페스트

퀸스 갬빗 거절

1	d4	d5
2	e3	Nf6
3	Nd2	Bf5
4	c4	c6
5	cxd5	cxd5
6	Bb5+	

이에 따라 백은 나중에 흑이 **...a6**와 **...b5**를 두게 강요하여 흑의 퀸사이드를 약화시키고 그 결과로서의 약점인 a5와 c5 칸을 확립하고자 한다. 다음 두 설명과 비교해 보라.

6	...	Nbd7
7	Ngf3	a6
8	Ba4	e6
9	Qe2	h6
10	Ne5	b5
11	Nxd7	Nxd7

12		Bd1

백은 b3 칸을 c5에 배치할 자신의 나이트를 위해 비워 둔다.

12	...	Bd6
13	0-0	0-0
14	Nb3	Qc7
15	f4	

백은 계획을 성공적으로 실행한 것으로 보이며, **Ba5**와 **Rc1**을 엮는 **Bd2**로 흑의 게임을 무력화시킬 수 있을 것이다.

15	...	a5!

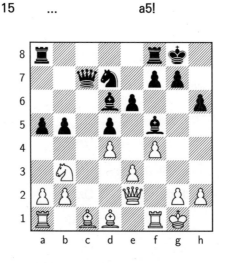

하지만 이 폰의 희생이 게임의 양상을 완전히 바꾸었다. 백의 기물들은 계획을 수행하기에 유리한 위치에 있었지만, 이제 폰

의 희생으로 인해 계획이 좌절되었다.

16	Qxb5	a4
17	Nd2	Rfb8
18	Qe2	Nf6
19	Nf3	Ne4
20	Nh4	

백은 닫혀 있으며 흑의 **20...Bh7** 후에 **f4-f5**를 둬서 자신에게
약간의 자유가 부여되길 바라고 있다.

| 20 | ... | Nc3! |
| 21 | bxc3 | |

흑의 희생을 받아들이고 나면 백은 패배하며, 어떻게 하든 흑
이 이득을 얻을 것이다.

21	...	Qxc3
22	Nxf5	exf5
23	Bc2	Qxa1
24	Ba3	Qxa2
25	Bxd6	Rb2
26	Rc1	a3

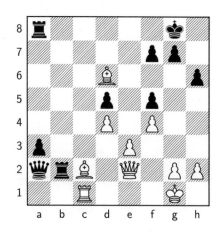

백이 기권한다. **27...Rxc2 28 Rxc2 Qxc2!**와, **...Rc4**로 이어

지는 **27...Ra4**로 위협받고 있기 때문이다.

38. 보골주보프

보골주보프(1889~1952)의 삶은 복잡성으로부터 차분한 활동으로 이어지는 길을 보여주었다. 원래 러시아정교회 사제가 될 예정이었던 보골주보프는 외적인 삶의 소명과 내적인 소명 사이의 불협화음을 견딜 수 없었고, 명성이나 미래에 대한 확실한 전망이 없는데도 물질적 존재로서의 평범한 기반을 포기하고 체스를 자신의 소명으로 선택했다.

그는 1914년 만하임에서 열린 국제 토너먼트에 처음 참가했다. 그러나 전쟁이 시작되면서 대회는 중단되었고 보골주보프는 알예힌을 비롯한 다른 러시아 체스 선수들과 함께 처음에는 바덴바덴Baden-Baden에, 다음에는 트리베르크Triberg에 구금되었다. 그는 자신이 처한 상황에서 생각을 전환하기 위해 강제된 여가 시간을 오프닝과 게임의 일반적인 이론에 기반하여 발전시킨 체스와 그 기초의 이해를 독창적 사고를 통해 훨씬 더 멀리 진화시키는 데 활용했다. 그리고 알예힌과 교류하면서 자극을 받은 그는 전쟁이 끝난 후 **모더니스트들** 중 한 명이 되었다. 그의 성공은 그를 최초의 마스터들 중 한 명으로 각인시켰으며 그의 강점에 관한 뚜렷한 증거는 게임에서 드러나는 숙련도에서 발견되었다.

표면적으로 보면 그의 게임은 알예힌과 어느 정도 유사하다. 두 사람의 게임은 매우 복잡해 보인다. 그러나 그 복잡성은 각자 다른 원천에서 비롯된다.

예를 들어 보골주보프는 알예힌이 가진 특수한 체스 재능은 없으며 그의 소매에서 감탄할 수를 펼쳐내지 않는다. 그는 그들 복잡성 속에 담긴 순수한 즐거움을 위해 복잡성을 만들지 않는다. 그의 성향은 단순성을 추구하지만 모든 경우에서 복잡한 가능성을 피하려고 노력하는 루빈스타인과는 또 다르다. 보골주보프는 오히려 어려운 포지션을 파악하기 위해 노력하여 그 포지션이 자신에게 단순해지게끔 만든다. 알예힌은 단순한 포지션에서 경탄을 이끌어내는 일을 좋아한다. 보골주보프는 복잡한 상황에서 모든 것이 명확하게 보이도록 만드는 방법을 찾으려고 노력한다.

앞서 말했듯이 보골주보프는 알예힌이 가진, 체스에 홀림으로써 얻을 수 있는 대단한 재능은 없지만 게임에 자신의 지성을 바친 진정한 예술가다. 특히 보골주보프 스타일의 특징은 한쪽 사이드에 대한 공격을 다른 쪽 사이드에 영향을 미치기 위한 준비로 사용하는 방법이다. 예를 들어, 그는 퀸사이드에서의 공격을 준비함으로써 상대로 하여금 킹사이드에서의 충분한 방어를 불가능하게 만드는 기물 그룹을 설정하도록 유도한다.

다음 포지션은 그에 대한 매우 이해하기 쉬운 사례다.

백: 보골주보프　　　　　흑: H. 볼프Wolf

1922년 피에슈타니Piešťany

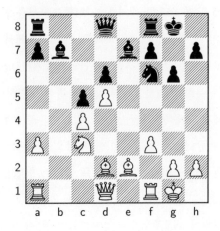

백은 **f4**로 공격할 필요가 명백하다. 그런데 백이 그렇게 시작하면 흑은 **...Bc8**라는 단단한 응수를 둘 수 있다. 그래서 보골주보프는 다음과 같이 뒀다.

17　　　Rb1

이 수 때문에 볼프는 다음과 같이 됐다(**...Bc8** 후 백의 **Qa4**에 의한 퀸사이드 봉쇄를 막기 위해).

17　　...　　　　Qd7

게임은 다음과 같이 진행됐다.

18	f4	Rfb8
19	f5	Bc8
20	Bd3	Qd8
21	Qf3	Rxb1
22	Bxb1	Rb8
23	g4	Rb2
24	Bc1	Rb3
25	g5	Nd7
26	fxg6	fxg6
27	Qf7+	Kh8
28	Bxg6!	hxg6
29	Qxg6	Qg8
30	Qh5+	Qh7
31	Qe8+	Nf8
32	Rf7	Qc2
33	Qxe7	Qxc1+
34	Rf1 그리고 백의 승리	

39. 보골주보프-레티

백: 보골주보프   **흑: 레티**

1919년 베를린

피어츠 디펜스Pirc Defence

1	d4	Nf6
2	Nf3	d6
3	Bf4	Nbd7
4	Nbd2	g6
5	e4	Bg7
6	Bd3	0-0
7	h3	c6

...e5를 두기 위한 흑의 더 나은 준비는 **7...Re8**였을 것이다.

8	0-0	Qc7
9	Bh2	

백의 **9 Bh2**는 흑의 **...e5** 이후 강제로 교환하지 않고 **c2-c3** 로 중앙 포지션을 굳건히 지키기 위해서다.

9	...	e5

10	c3	Nh5

킹사이드에 대한 공격을 유지하려는 흑의 시도는 백의 깊이
있는 플레이에 의해 차단된다.

11	a4!

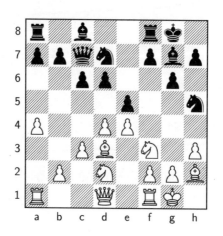

이 수는 퀸사이드 공격의 시작처럼 보이는데, 곧 드러나겠지
만 **10...Nh5**에 대한 반격의 시작이다.

11	...	a5

백은 나이트를 c4에 영구적으로 배치하겠다고 위협하며, 장
기적으로는 e5와 d6에 견딜 수 없는 압력을 가할 수 있다.

12	Nc4	b5

13	axb5	cxb5
14	Ne3	

백은 Nd5뿐만 아니라 Bxb5로도 위협한다

14	...	Nb6

흑은 백이 수행한 자신의 퀸사이드에 대한 공격이 실패했다고 생각한다.

15	g4

이것이 **11 a4**의 핵심이었다. 나이트는 e3를 거쳐 g2로 시간 손실 없이 전달되어야 했다.

15	...	Nf4
16	Bxf4	exf4
17	Ng2	h5!
18	gxh5	

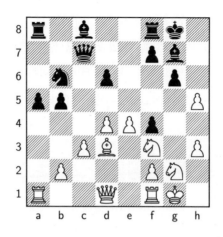

| 18 | ... | Bh6 |

만약 **18...Bxh3**면 **19 Ng5 Bxg2 20 Kxg2**로 백은 g파일, h파일을 따라 결정적인 공격을 얻는다.

| 19 | Nfh4 | Bxh3 |
| 20 | Qf3 | Qc8 |

흑이 **...Bg4**를 두겠다고 위협한다. 우리는 곧 흑이 왜 **20...Qd7**을 두지 않았는지 보게 될 것이다.

| 21 | Nf5 | Bxf5 |
| 22 | exf5 | g5 |

백은 이제 흑 비숍을 폰 포지션으로 축소시키는 데 성공했다.

흑은 ...g5-g4를 통해 자신의 폰을 킹사이드에서 움직일 수 있을 때만 이 불리함을 없앨 수 있다. 이를 위해 그는 b6에 있는 나이트를 d7에서 f6를 통해 가져올 것이다. 이를 고려하여 그는 퀸(20수에서)을 d7이 아닌 c8로 이동시켰다.

23	Rfe1	

이것은 단순히 기존 스타일의 전개하는 수가 아니라 위에서 설명한 대로 흑의 계획에 대항하기 위한 필수적인 도입부다.

23	...	Nd7
24	Qd5	Qb8

당연히 24...Qc7은 안 된다. **25 Re7** 때문이다. 백은 이제 **25 Qc6**로 폰을 잡으려는 게임을 할 수 없는데 왜냐하면 후속으로 **25...Rc8 26 Qxd7? Ra7**이 이어지기 때문이다.

25	f6!	

백이 마지막 두 수로 준비한 일종의 문제적 콤비네이션이다.

25	...	Nxf6
26	Qf5	Qd8

흑은 **27 Re6** 때문에 **26...Kg7**을 둘 엄두를 내지 못했지만, 그후 그는 폰 우세를 유지하는 **28...Qc8** 또는 **28...Qd7**에 의한 퀸교환을 강제하기 위해 **27...Kg7**을 둘 수도 있다고 생각했다.

27	f3!!	Kg7
28	Kf2!	Qc8
29	Nh4	

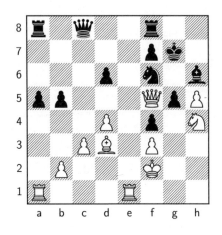

이제 백의 콤비네이션이 어떻게 멋지게 계산되었는지 보라. 흑이 졌다. 그는 **Rg1+** 때문에 함부로 백 나이트를 가져가지 못한다. 만약 그가 퀸들을 교환한다면, **29...Qxf5 30 Nxf5+ Kh7 31 Nxd6+ Kg7 32 Nf5+ Kh7 33 Re7**으로 백이 쉽게 이길 수 있다. 흑이 c8에서 퀸을 옮기면 **30 Rg1**이 승부를 결정짓는다.

40. 보골주보프-슈필만

다음 게임은 1919년 12월 스톡홀름의 한 제과점에서 보골주
보프가 유명한 체스 마스터와 벌인 게임으로, 알예힌의 프렌치
디펜스 변형을 조사하려는 목적이었다(31. **알예힌-파르니** 참
조).

백: 보골주보프   **흑: 슈필만**

1919년 스톡홀름

프렌치 디펜스

1	e4	e6
2	d4	d5
3	Nc3	Nf6
4	Bg5	Be7
5	e5	Nfd7
6	h4	Bxg5
7	hxg5	Qxg5
8	Nh3	Qe7
9	Qg4	g6
10	Nf4	a6
11	0-0-0	c5

이 포지션에서는 이미 폰들이 너무 많이 맞물려 있기 때문에 백은 폰으로 돌파할 가능성이 없다. 따라서 공격을 성공적으로 도입하기 위해선 기물 희생을 통해 돌파할 수밖에 없다. **12 N4xd5 exd5 13 Nxd5**를 잇는 것은 퀸을 교환하는 **13...Nb6** 때문에 바로 잘못된 방법이 될 것이다.

12	Qg3

이어서 **13 N4xd5 exd5 14 Nxd5 Qd8 15 e6**를 위협한다.

12	...	Nb6
13	dxc5	Qxc5
14	Bd3	

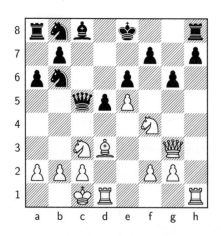

백은 g6 칸을 공략하겠다고 위협한다.

14	**...**	**Qf8**

흑에게 유일한 방어는 고려할 만한 **14...Nc4**로 **15...Qb4**를 두겠다고 위협하는 것이었다. 하지만 보골주보프는 그에 대해 경기가 끝나자마자 거의 연구처럼 보이는 다음과 같은 백의 승리 콤비네이션을 내놓았다.

14...Nc4 15 Bxc4 Qxc4 16 N4xd5 exd5 17 Nxd5 Bf5 18 Nf6+ Kf8(만약 **18...Ke7**이면 **19 Qa3+**) **19 Rd8+ Ke7**(또는 **19...Kg7 20 Rg8+ Rxg8 21 Rxh7+ Kf8 22 Qa3+**) **20 Nd5+!! Kxd8 21 Qg5+**, 그리고 백이 메이트를 걸거나 흑 퀸을 잡는다.

15	**Be4!!**	

이 놀라운 백의 희생이 없었다면 백은 강제로 돌파할 수 없었고 흑이 우위를 점할 수 있었을 것이다.

15	**...**	**dxe4**

흑은 잡는 것을 선호하며, 그렇게 하지 않으면 백은 d5 칸에서의 희생을 통해 d파일뿐만 아니라 e파일도 열 수 있다.

16	**Nxe4**	**Nbd7**
17	**Qc3!**	

17 Qc3는 아마도 게임에서 가장 좋은 수일 것이다. 흑은 달리 응수할 수가 없다.

17   ...   Qe7

여기에 이어지는 백의 수는 다음과 같다.

18   Nf6+

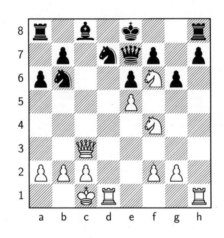

18   ...   Nxf6

19   exf6

그리고 흑은 퀸을 f8로 돌려보내는 일 외에는 다른 선택의 여지가 없다는 점에서 **17 Qc3**의 의미는 분명해진다.

보골주보프는 흑이 f6 나이트를 교환하지 않는 대신 **18...Kf8**를 두는 경우 다음과 같은 변형을 시도했다. **19 Nxh7+ Kg7 20**

Nh5+! gxh5 21 Qg3+ Kh6 22 Rxh5+ 등등.

19	...	Qf8
20	Qc7	Nd7
21	Nd5	

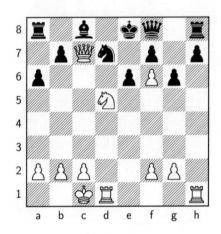

흑은 이 나이트를 잡아야 한다. 그렇지 않으면 b6나 e7으로 갈 위험이 있다.

만약 21...Qc5면 22 Qxc5 Nxc5 23 Nc7+ Kf8 24 Rd8#가 뒤따른다.

21	...	exd5
22	Rhe1+	Ne5
23	Rxe5+	Be6

24 R1xd5로 백은 d7에서 강제 메이트를 위협할 수도 있다.

하지만 그러면 흑은 **24...Qh6+**와 캐슬링으로 위기에서 탈출한다.

24	Kb1	Rd8

24...Rd8는 d5 폰을 보호할 수 있는 유일한 수다. **24...Qb4**는 **25 a3** 후에는 흑 퀸이 f8로 되돌아가야 하므로 둬야 할 이유가 없다.

25	R1xd5	Rxd5
26	Rxd5	Bxd5
27	Qc8#	

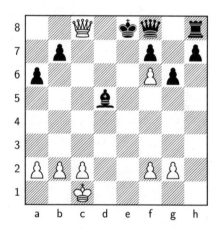

41. 보골주보프, 레티, 슈필만
-엥글런드, 야콥슨, 나이홀름, 올슨

백: 보골주보프, 레티, 슈필만

흑: 엥글런드, 야콥슨, 나이홀름, 올슨

1919년 스톡홀름

킹스 갬빗King's Gambit

1	e4	e5
2	f4	exf4
3	Qf3	

브레이어 갬빗. 킹스 갬빗의 아이디어는 주로 킹스 비숍 파일을 통한 공격으로 구성되어 있다. 그래서 브레이어는 이 파일을 차단하는 가장 일반적인 수인 **3 Nf3**를 피하고 싶어한다.

3	...	d5
4	exd5	Nf6
5	Nc3	Bd6
6	Bb5+	Nd7
7	d4	0-0
8	Nge2	Nb6
9	0-0	Bg4

10	Qf2	Nbxd5
11	Nxd5	Nxd5
12	Nxf4	c6
13	Bc4	

13 Nxd5가 더 둘 만한 수처럼 보였다. 그러나 텍스트 무브가 킹스 갬빗의 의도, 즉 f7에 대한 공격과 일치한다.

13	...	Bc7
14	h3	Bxf4
15	Bxf4	Nxf4
16	Qxf4	Bh5
17	Rae1	Qd7
18	Re5	Bg6
19	h4!	

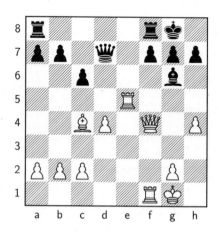

f7에 대한 백의 결정적인 공격이 시작된다. g6의 비숍은 수비에서 철수해야만 한다.

19	...	Bxc2

다른 가능성은 19...Rae8 20 h5 Bxc2(또는 19...Rae8 20 h5 Rxe5 21 dxe5 Bxh5 22 e6 Qe7 23 Qe5 등) 21 Qxf7+ Rxf7 22 Rxf7 Qxd4+ 23 Rf2+ Qxc4 24 Rxe8#다.

20	Qe3	Rad8

20...Rae8 이후에는 21 Rxf7 Rxf7 22 Rxe8+가 뒤따른다.

21	Rxf7!	Rxf7
22	Re7	Qc8
23	Qxf7	Kh8
24	Rxg7	기권

혹은 24...Kxg7을 두면 백이 25 Qe7+로 2수 메이트를 강제하기 때문에 기권한다.

42. 타르타코베르

이른바 최신 학파와 직접적인 관련은 없지만 가장 젊은 마스터들의 플레이 스타일과의 밀접한 관계를 보여주는 이 마스터를 언급하지 않는다면 이 책은 불완전할 것이다. 타르타코베르(1887~1956) 플레이의 연결점과 특징을 제시하기 위해선 간략한 회고를 적어야 한다. 안데르센의 시대에는 포지션 플레이가 거의 발달하지 않았다. 따라서 콤비네이션을 더 잘 만드는 사람이 일반적으로 더 강한 선수였다. 그래서 재능이 뛰어난 마스터일수록 콤비네이션 플레이의 소용돌이 속으로 급속하게 게임을 끌어들이고자 모색했다. 그 후 특히 슈타이니츠를 통해 포지션 플레이가 발전했다. 슈타이니츠의 지식을 연구한 사람은, 자신보다 일반적인 재능은 더 뛰어날 수도 있지만 연구하지 않은 사람보다 더 뛰어난 실력을 갖게 됐다. 이로 인해 1890년대와 세기 전환기의 단조로운 플레이가 이어졌다. 치고린의 천재성조차도, 장기적으로 봤을 때 위대한 마스터의 창의력이 배제된 기술적이고 예술적인 터치를 획득한 슈타이니츠의 제자들이 구사한 무미건조한 플레이에 굴복했다.

타르타코베르는 경력 초기부터 치고린의 방향으로 나아갔는데, 그가 당대 최고로 인정받은 마스터의 위대함이나 원칙의 정확성을 의심해서 그런 것은 아니었다. 그와는 정반대였다. 젊고 열정적인 체스 애호가로서 그는 명성을 가진 사람들에 대해 매우 깊은 존경심을 갖고 있었지만, 무미건조한 플레이는 그의 본성과는 상충됐다. 따라서 우리는 당시 유행하던 플레이 스타일에 대한 그의 본능적인 저항에서 이후에 있을 모던 학파의 부상을 감지할 수 있다. 타르타코베르 박사가 이미 **1 e4** 대 **1...e5**, **1 d4** 대 **1...d5**의 응수를 피하는 습관을 들였다는 것은 놀랍다.

그리고 가장 젊은 세대가 등장했다. 그들은 독자적인 개성이 아니라 지식적으로 습득해야 할 규칙의 집합체로서의 스타일에 이의를 제기했으며, 그러한 규칙을 그저 경멸하는 게 아니라 스스로에 대한 더 깊은 연구를 통해 이의를 제기했다. 무엇보다도 그들은 모든 체스 원리는 근사치에 불과하며 보편적으로 적용되는 규칙은 존재할 수 없다고 생각했다. 슈타이니츠의 개념은 젊은 마스터들에게 더 이상 체스의 알파와 오메가가 아니라 안데르센 시대에 다양한 메이트 포지션과 이중 위협 등이 그랬던 것처럼 콤비네이션을 위한 요소일 뿐이었다. 비록 정확하지는 않지만 일반적으로 표현하자면 슈타이니츠 이전에는 콤비네이션을 추구했고, 슈타이니츠 이후에는 무미건조한 포지션 게임이 펼쳐졌다. 모던 세대들이 포지션 계획을 세우고 포지션에 맞게 콤비네이션을 하면서 타라시, 마로치 등의 불가침 전설이 깨지자 타르타코베르를 위한 새로운 시대가 다가왔다. 그는 점점 더 얄팍해지는 게임에 맞서려는 자신의 노력이 가망이 없는 게 아님을 깨달았다. 그래서 시대의 아이였던 타르타코베르는 자신의 체스 기술을 게임의 본질로 간주하지 않고 계속해서 완성시키고자 노력했으며, 다른 경로를 통해 점차 최신의 전문가들에게 다가가게 됐다.

방금 언급한 내용의 예는 일반적인 루틴에서 벗어난 많은 움직임이 포함된 다음 게임에서 찾을 수 있다.

백: 타르타코베르　　　　**흑: 슈필만**

1921년 빈 대국

퀸스 폰 오프닝

1	d4	d5
2	Bf4	Nf6
3	e3	e6
4	Nf3	Bd6
5	Bg3	Nbd7
6	Bd3	Bxg3
7	hxg3	Qe7
8	Nc3	a6

　상대인 슈필만은 중앙 폰들을 확보했고, 좋은 전개로 열린 c 파일을 확보했다. 첫눈에 그는 양호한 게임을 가졌다. 타르타코베르는 지난 90년대에 얻게 된 퀸스 폰이 열릴 때 퀸스 비숍 폰을 막아서는 안 된다는 규칙에도 불구하고 **8 Nc3**로 c파일 폰을 막았다. 그는 (비록 흑이 c파일을 열었지만) 퀸사이드에서 캐슬링을 했고, 결과적으로 흑의 중앙을 파괴하는 효과를 내는 열린 h파일과 함께한다는 자신의 개념을 따랐다.

　슈필만은 c파일의 개방과 함께 중앙 폰 확립을 위해 노력한다. 이러한 각 계획은 그 자체로는 훌륭하다. 하지만 이 계획들을 모두 합치면 너무 과하다. 잘못된 포지션 개념으로 인해 흑은 게임에서 진다. 예를 들어 **8...a6** 대신에 **8...c5**와 **8...e5**로도 충분했을 것이다.

9	Qe2	c5
10	dxc5	e5
11	Bf5	Nxc5
12	Bxc8	Rxc8
13	0-0-0	Qe6
14	Ng5!	Qc6

만약 **14...Qf5**를 뒀다면 **15 f4**와 **g4**로 응수된다. 이제 모던 스타일의 전형적이고 결정적인 퀸 기동이 나타난다.

15	Qf3	Ne6
16	Qf5	d4
17	exd4	exd4
18	Rde1!	

18 Rhe1은 **18...0-0** 때문에 안 된다.

18	...	Ke7
19	Rxe6+	fxe6
20	Re1	Kf8

| 21 | Rxe6 | |

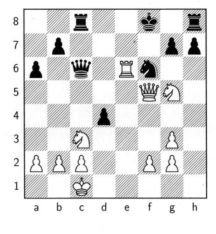

| 21 | ... | dxc3 |

만약 **21...Qc4**를 뒀다면 **22 Rxf6+ gxf6 23 Qxf6+ Kg8 24 Ne6**로 응수된다.

22	Rxc6	cxb2+
23	Kb1	Rxc6
24	Qe5	b6
25	Qb8+	Ne8
26	Qb7	Rf6
27	Qd7	h5
28	f4	R8h6
29	f5 그리고 승리	

43. 젊은 마스터들

내면의 갈등과 빈번한 의구심으로 새로운 체스 학파를 정교하게 만드는 데 협력한 사람은, 가장 젊은 마스터들이 어떻게 그들의 습득이 단지 제시되거나 전수된 것처럼 문제 없이, 거의 당연한 것처럼 최근의 기술을 받아들이고 활용하는지를 깨달으면서 놀라운 느낌을 경험한다. 이런 젊은 마스터들에는 빈의 에른스트 그륀펠트Ernst Grünfeld와 네덜란드의 마스터 막스 오이베 Machgielis "Max" Euwe(1901~1981), 베를린의 프리드리히 재미슈Friedrich Sämisch가 있다.

백: M. 오이베　　　　**흑: 마로치**

1921년 암스테르담

프렌치 디펜스

1	e4	e6
2	d4	d5
3	Nc3	Nf6
4	Bg5	Be7
5	e5	Nfd7
6	h4	

알예힌 변형이다. **32. 알예힌-파르니**와 **40. 보골주보프-슈필**

만을 참고하라.

6	...	0-0

과거 학파의 위대한 마스터 마로치는 단순한 전개로 새로운 아이디어에 대항하고자 한다.

7	Bd3	c5
8	Qh5	g6
9	Qh6	Re8

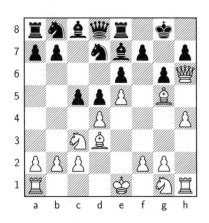

9...Re8는 ...Nf8 이후 h7의 방어를 위해 f8로 나이트를 데려 가기 위해서다. 만약 9...cxd4면 10 Nf3 bxc3 11 h5가 뒤따를 것이다.

10	Nf3	Nc6

11	h5	Nf8
12	Bxe7	Qxe7
13	Ng5	cxd4
14	Nxh7!	Nxe5

말할 것도 없이 **14....Nxh7**은 **15 hxg6** 때문에 안 좋다.

15	hxg6	N8xg6
16	Bxg6	Nxg6
17	g4!	

끝! 흑은 **Nf6+**가 뒤따르는 **g5**의 위협에 맞서 방어할 수 없다.

| 17 | ... | dxc3 |
| 18 | 0-0-0 | 기권 |

18 g5는 악수인데, 왜냐하면 **18...cxb2** 후에 **...Qb4+**면 무한 체크가 되기 때문이다.

06 맺음말

요제프 하르트비히가 디자인한 체스 ⓒNoahhoward

44. 체스의 개혁

카파블랑카가 라스커와의 챔피언십에서 초반에 매우 많은 무승부를 기록했을 때, 그는 신문 기자에게 다음과 같은 자신의 의견을 피력했다고 한다. 체스 기술과 오프닝에 관한 지식이 오늘날에는 너무 많이 발전하여 약한 선수를 상대로도 게임에서 승리하기 어려울 수 있다고. 이에 대한 해결책으로 그는 체스의 개혁을 제안했다. 그는 오프닝 포지션의 변경을 제안했고, 그 예로 룩과 비숍의 위치를 바꾸는 방안을 들었다.

아마도 카파블랑카의 위기의식은 과장된 듯하다. 이 책에서 설명된 새로운 개념만으로도 게임을 기존의 틀에서 벗어나게 하며 기술만으로 무승부를 유도하는 것은 이전만큼 쉽지 않게 된다. 하지만 원칙적으로는 카파블랑카가 확실히 옳았다. 메이트를 강제하기 위해서는 결국 최소한 룩 정도 수준의 우위가 있어야 한다. 그렇지 않으면 우리는 상대보다 더 나은 경기를 펼칠 수도 있고, 메이트를 수행할 수 있는 포지션이 아니면서도 상대에게서 물질적 또는 포지션적 우위를 빼앗을 수도 있다.

그것은 마치 경마에서 1초의 작은 시간 차이로 승부가 결정되어서는 안 되며 그럴 경우 동시 우승dead heat으로 간주하기로 합의한 것과 같은 이치이다. 카파블랑카에 따르면 이러한 결론은 최고의 선수들끼리는 서로를 이길 수 없다는 것을 의미한다. 그러나 개혁을 위한 카파블랑카의 제안은 문제의 근원에 도달하지 못했다.

메이트의 책무는 여전히 살아있다. 따라서 우리는 여전히 도보 경주에서의 예증을 고수하며, 결정에 영향을 미치지 않는다는 쓸모없는 찰나의 시간을 타당하게 여긴다. 그리고 의심할 여지 없이 지난 몇 년 동안 제안된 새로운 오프닝 포지션에 관한 연구는 아직 성숙하지 않았으므로 무승부 게임이 과거보다 더 적게 나온다. 그러나 그러한 결과는 오프닝에서의 실수, 즉 취약한 플레이를 통해서만 얻을 수 있으며, 발전이 아니라 오히려 퇴보를 통해서만 얻을 수 있다. 그러니 진정한 체스 애호가라면 카파블랑카의 무심한 제안에 반대해야 한다.

질문이 생길 수밖에 없다. 상대를 메이트 했다는 사실이 그렇게 메이트를 하는 선수가 상대보다 더 잘 뒀다는 증거가 될 수 있는가? 중세의 체스에서는 오늘날의 체스와 비교하여 기물의 행마가 더 제한적이었다. 룩은 단연코 가장 강한 기물이었다. 비숍은 한 번에 두 칸만 움직일 수 있었고 퀸은 비숍보다 약했다. 그 당시의 일반적인 종류의 승리는 기물 잡기(자산 제거)를 함으로써 이루어졌다. 승리는 한 선수가 다른 선수의 킹을 제외한 모든 기물들을 잡았을 때 이루어졌다. 스테일메이트*는 훨씬 더 드물게 발생했고 따라서 더 높이 평가되었다. 적극적인 메이트로 이기는 것은 기물들이 가진 약점 때문에 거의 불가능했다. 그래서 메이트에 영향을 미치려면 아주 많은 기물을 획득해야 했다. 그것은 드문 묘수풀이 수준으로서만 발생하였다. 그래서 게임에

---

* 스테일메이트가 지금처럼 무승부로 표준화된 것은 19세기이며 그 전에는 시기와 지역에 따라 스테일메이트에 걸린 플레이어의 승리, 스테일메이트에 걸린 플레이어의 패배, 무승부 등 다양한 판정의 규칙들이 혼재했다. 저자는 그중 스테일메이트를 체크메이트보다 열등한 승리 조건으로 보는 과거 관점을 채택하여 무승부를 줄이고 체스를 개혁할 방안에 대해 논의한다.

서 메이트가 발생하면 영원한 기억해야 할 문제로 기록하는 것이 일반적이었고, 그 희귀성으로 인해 과도하게도 매우 귀중하게 여겨졌다.

지금과 같은 기물들의 행마가 관례화된 것은 근대가 시작되면서부터다. 그 이후로 기물들의 힘이 세지고, 특히 퀸이 세지면서, 유리할 때 메이트를 만드는 게 다소 쉬워졌다. 오늘날 큰 어려움을 겪어야 사용할 수 있는 작은 포지션적 이점에 대해선 그 당시에는 몰랐다. 폰은 거의 아무 역할도 하지 않았다. 중세 때 메이트에 의한 승리가 가장 뛰어난 승리로 평가되는 것을 보았으니, 자연스럽게 우위를 점한 그 누구도 기물을 잡거나 스테일메이트에 의한 승리에 만족하지 않았다. 거기에 만족한 사람들은 나중에 불이익을 받았는데, 킹의 마지막 기물이 잡히면 안 된다는 규칙이 생겼고, 그 다음에는 상대를 스테일메이트에 빠뜨린 쪽이 게임에서 패배한다는 규칙이 생겨났기 때문이다. 그 당시에는 플레이어가 상대에게 스테일메이트를 초래할 만큼 우세할 수는 있어도, 메이트 강요를 허용할 만큼 충분히 우세하지는 않다는 사실을 알지 못했다.

그때는 체스에게 낭만적인 시기였다. 체스 기술이 이렇게나 정교해진 상황에서, 우리가 원래의 규칙들로 돌아가는 것보다 더 자연스러운 일이 있을까? 라스커가 그러한 제안을 했고, 그것은 내 확신과 일치한다. 무승부 게임의 빈번한 발생에 의한 체스의 쇠퇴를 방지하기 위해서는 더 미세한 실행 차이에서의 뉘앙스가 결과에 나타나야 하고, 토너먼트 목적을 위한 점수 추정에서는 스테일메이트가 고려되고 계산되어야 하며, 스테일메이트에 의한 승리는 강제된 메이트보다 적은 점수로 계산되어야 한다. 토너먼트의 관리자들이 이런 방향성을 대회를 홍보하기 위한 실험으로 한 번만이라도 채택한다면 축하할 일이다.

45. 체스에서의 상징주의

체스는 작가들에게 온갖 종류의 상징주의를 제안할 기회를 제공해 왔다. 그들 대부분은 기발한 비교를 하기 위한 방법으로 생각했고, 극소수만이 이 상징성이 체스의 본질에 기반을 두고 있고 거기서 발생했다고 생각했다. 그래서 나는 여기서 다음과 같은 질문에 직면했다. 체스 선수는 경기 중에 어떻게 사고하는가?

이 질문에 답하기 위해, 그리고 가장 대중적인 방법으로 주제를 독자들에게 제시하기 위해, 나는 플레이어가 특정 포지션에 직면했을 때 "이렇게 복잡한 성격의 문제를 다루려면 어떤 방식으로 착수해야 하는가?"라는 질문을 자신에게 던진다고 말해야 할 것이다. 그것은 우리가 일상생활에서 만나는 현실적인 문제와 같다는 것을 알 수 있다. 하지만 체스는 순수하게 추상적이다. 보드와 기물은 해석 기하학에서 비유적인 분석 함수가 곡선으로 표현되는 것처럼 추상적인 체스를 비유적으로 표현하기에 적합하다. 수학에서와 마찬가지로 체스에서도 수량의 관계가 구체적인 물체의 도움 없이도 표현되며, 추상적인 수량이 수학 과학의 실제적인 주제인 것처럼 체스의 근원적인 아이디어는 실제적인 거래 체계를 궁극적인 대상이 없는 체계와 일치시키는 것이다. 이를 통해 우리는 체스와 삶의 비교가 어떻게 상징적인지 이해할 수 있다.

예를 들어, 우리는 체스에서 모든 동작이 전개를 촉진해야 한다는 원칙이 대부분의 플레이어에게 매우 유용하다는 것을 보았다. 그러나 오늘날의 가장 재능 있는 마스터는 처음부터 계획에 따라 플레이 하는 것을 선호한다. 이 문제가 인생에 적용되면 다음과 같은 형태로 나타날 것이다.

"처음부터 모든 힘과 능력을 개발해야 할까, 아니면 경력을 시작하면서부터 눈 앞에 인생의 뚜렷한 목표를 두어야 할까?"

체스에서와 마찬가지로 일반인에게는 전자의 대안을 추천해야 한다고 느끼지만 천재는 그러한 규칙을 따르지 않는다. 그런 관점에서 체스를 파악하는 것은 우리로 하여금 위대한 체스 마스터들의 퍼포먼스를 더 잘 감상할 수 있게 도와준다. 만약 우리가 체스에서의 삶을 인식한다면, 가깝고 일시적인 이점을 위한 운영을 경멸하고 영구적인 이득만을 추구했던 슈타이니츠의 위대함을 더 잘 이해할 수 있을 것이다. 우리는 더 이상 희생적인 공격을 좋아하는 많은 사람들이 그랬던 것처럼 불평하지 않으며, 폰이나 다른 작지만 지속적인 이득을 위해 겉보기에 위험한 공격에 자신을 노출시킨 슈타이니츠에게 존경을 표하게 될 것이다.

오늘날 우리는 체스에서 오래된 유럽의 지성적인 삶에 대항하는 야심찬 아메리카니즘의 투쟁을 본다. 그것은 구체적인 실체를 찾을 수 없는 플레이를 하는 비루투오조virtuoso인 카파블랑카의 기술과, 실험적이고 깊이 있는 영역을 추구하면서 가까이에 있는 것을 간과하는, 자신이 평생을 바친 주제를 다루는 데 있어 예술가적 자질과 결점을 모두 갖춘 위대한 유럽 마스터들 사이에서의 싸움이다. 여기서 덧붙이고 싶은 것은 카파블랑카식 플레이의 아메리카니즘은 아마도 (모피의 경우처럼) 그의 라틴 계 혈통 덕분에 더 온화하고 매력적인 옷을 입고 나타난다는 점 이다.

지난 런던 대회(1922년 8월)에서는 유럽인들에게 너무 불리 한 시간 제한으로, 그들은 카파블랑카 앞에 굴복했다. 하지만 그 들은 계속 조사하고 더 많이 구축한다. 누가 이 싸움에서 승리할 것인가? 아무도 답을 예언할 수는 없다. 하지만 한 가지는 확실 하다. 아메리카니즘이 체스에서 승리한다면, 삶에서도 마찬가지 일 것이다. 체스에 대한 개념과 체스 정신의 발전에서 우리는 인 류의 지적 투쟁에 관한 그림을 볼 수 있기 때문이다.

해제
진화하는 체스, 리하르트 레티

1924년, 뉴욕에서는 체스 역사에 남을 슈퍼 토너먼트인 뉴욕 인터내셔널 체스 토너먼트가 열렸습니다. 제2대 세계 체스 챔피언 에마누엘 라스커, 제3대 세계 체스 챔피언 호세 라울 카파블랑카, 그리고 미래에 제4대 세계 체스 챔피언이 될 알렉산드르 알예힌이 모두 출전한 이 토너먼트는 과거와 현재, 미래의 최강자들이 모여 치열한 승부를 벌였으며 이를 기록, 분석한 알예힌의 책 『1924: 뉴욕 인터내셔널 체스 토너먼트』는 향후 체스 전략 연구에서 빠지지 않는 중요한 성과가 되었습니다. 그리고 이 토너먼트에서 그들 외에도 돋보인 선수가 한 명 있었습니다. 바로 리하르트 레티입니다. 그는 자신이 만든 오프닝을 사용하여 8년 연속으로 무패 행진을 하던 카파블랑카의 연승 기록을 멈춰 세웠습니다. 그리고 미래의 챔피언 알예힌 또한 패배시킴으로써 자신이 지지한 하이퍼모더니즘의 가치를 증명했습니다.

그럼에도 불구하고 레티가 처음부터 철두철미한 체스 선수의 삶을 살지는 않았다는 점은 이색적입니다. 1889년 오스트리아-헝가리의 바진(현재 슬로바키아 페지노크)에서 태어난 그는 6살 때 아버지와 체스를 두면서 체스와 처음으로 접하게 되었습니다. 12살 때 체스 문제를 만들어 출판물에 게재하고 13살 때 빈의 체스 클럽에 들어갔으며 18살 때 헝가리 전국 토너먼트에서 7위를 차지했으니 그의 체스 선수로서의 실력이 낮다고는 할 수 없습니다. 그렇다고 해서 최고는 아니었는데, 당시 그는 수학자의 삶을 살고자 했고 체스는 취미에 가까웠기 때문입니다.

취미였던 체스 분야에서 레티는 느리지만 꾸준하게 성장했습니다. 이 책에서도 비중 있게 언급된 줄러 블레이어와의 만남을 통해 한 단계 더 성장한 그는 29살인 1918년에 슬로바키아 코시체에서 열린 토너먼트에서 우승하며 주류의 중심으로 다가갑니다. 그러나 같은 시기 그는 수학 박사 학위 논문을 잃어버리는 일을 겪고 수학 자로서의 미래가 순식간에 암울해집니다. 그런데 낙담해 있던 그 에게 네덜란드가 손을 뻗었습니다. 자국에 머무는 체스 마스터 일 을 하지 않겠느냐는 제안을 한 것입니다.

제안을 수락한 레티는 본격적인 일류급 체스 선수로서의 행보를 시작합니다. 1919년 로테르담, 1920년 암스테르담, 같은 해 빈과 예테보리에서 우승한 그는 루빈스타인, 타라시, 보골주보프, 님초 비치 등 최고의 선수들을 쓰러뜨리며 자신의 실력을 선보입니다. 이때부터 그는 저술가로서의 삶도 병행하게 됩니다. 체스 저널리 스트로서 기사를 쓰고, 1921년에는 이 책 『모던 체스 아이디어』를 출간합니다. 근대 체스에서부터 시작하여 현대적 체스의 탄생까지 에 걸친 체스의 개념과 전략의 역사를 중요한 마스터들과 함께 간 결하게 정리하고 미래까지 제시한 이 책은 그의 치밀한 지식 수준 과 통찰력, 저술가로서의 탁월함을 보여 주는 명저입니다. 당시 미 술계에서 일어나던 모더니즘과 체스를 결부시키며 체스의 문화적, 예술적 가치를 조명하며 새로운 체스 기술의 탄생을 적극적으로 옹호한 이 책은 지금도 그랜드마스터들에게 주요한 체스 책으로 선택되고 추천되는 진정한 체스 클래식이 되었습니다.

레티의 대단한 점은 실력으로 자신의 이론을 증명했다는 점입니다. 1922년 체코 테플리체 토너먼트에서 슈필만과 공동 우승, 1923년 체코 오스트라바 토너먼트에서는 라스커에 이어 2위, 빈에서는 타르타코베르에 이어 2위, 앞서 언급한 1924년 뉴욕 토너먼트에서의 성과 등등 레티는 이견의 여지가 없는 최고 수준의 선수로 활동했습니다. 대형 체스 대회에서 거둔 그의 성과는 중간중간 잠깐씩 부침은 있었지만 1928년 빈, 1929년 스톡홀름 토너먼트에서의 우승까지 거두면서 말년까지도 절대 무시할 수 없는 최고의 체스 선수로 평가하게 만들었습니다. 그러나 스톡홀름에서 귀가하여 두 번째 저서 『체스보드의 마스터들Masters of the Chess Board』을 집필하던 그는 1929년 6월 6일에 성홍열에 의해 마흔 살의 이른 나이로 갑작스럽게 세상을 떠납니다.

레티가 취미가 아닌 전업 선수가 되어 사망하기까지의 기간은 고작 10여 년이며 그 짧은 시간 동안 체스 대회 성적과 이론의 영향력, 저술가로서의 활동으로 이뤄낸 업적은 결코 작지 않습니다. 『모던 체스 아이디어』는 기존의 체스 개념과 새로운 체스 개념을 아우르며 하이퍼모더니즘의 중요한 이론적 기반으로 큰 영향을 끼쳤습니다. 그가 만든 레티 오프닝은 지금도 최고 수준의 선수들에게 즐겨 쓰이고 연구되는 오프닝입니다. 나이가 먹었어도 강력한 퍼포먼스를 유지한 그가 좀 더 오래 살았다면 체스의 역사는 또 어떻게 바뀌었을지 모를 일입니다. 그러나 역사에 만약이란 없기에, 우리는 그가 세상에 남긴 이 체스 클래식과 함께 그가 꿈꿨을 체스의 가능성을 상상할 수밖에 없겠습니다.

모던 체스 아이디어

초판 1쇄 발행 | 2023년 10월 4일

지은이 | 리하르트 레티
펴낸이·책임편집·옮긴이 | 유정훈
디자인 | 우미숙
인쇄·제본 | 두성P&L

펴낸곳 | 필요한책
전자우편 | feelbook0@gmail.com
트위터 | twitter.com/feelbook0
페이스북 | facebook.com/feelbook0
블로그 | blog.naver.com/feelbook0
포스트 | post.naver.com/feelbook0
팩스 | 0303-3445-7545

ISBN | 979-11-90406-19-2 03690